JOHN HERSCHELL

DAGUERRE

NIEPCE DE SAINT-VICTOR

TALBOT

Gr. in-8º. 4e série.

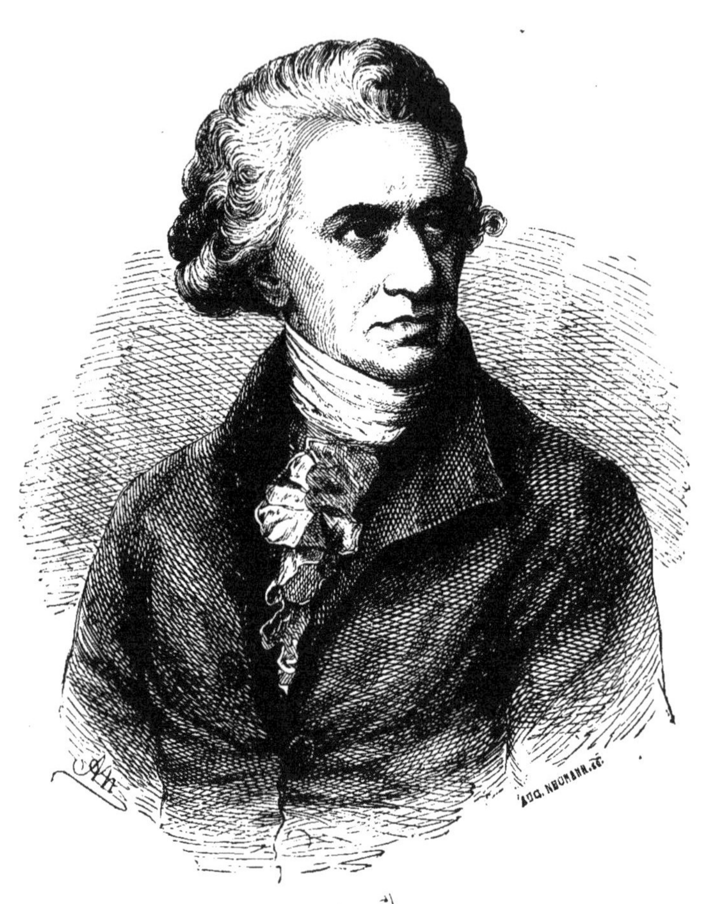

JOHN HERSCHELL

LES SAVANTS MODERNES ET LEURS ŒUVRES

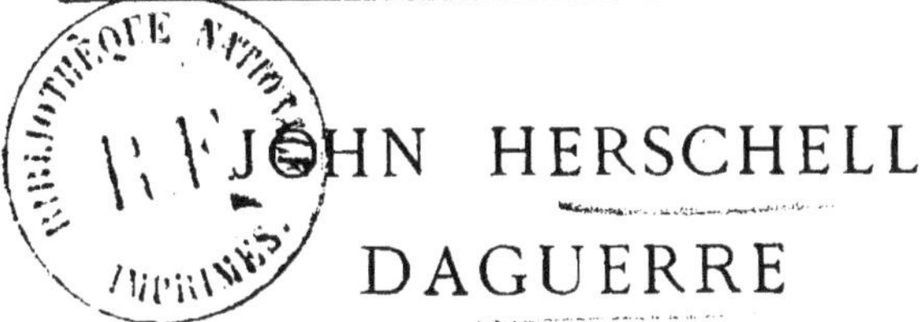

JOHN HERSCHELL
DAGUERRE
NIEPCE DE SAINT-VICTOR
TALBOT

HÉLIOGRAPHIE

Volume orné de 31 gravures.

LIBRAIRIE DE J. LEFORT

IMPRIMEUR ÉDITEUR

LILLE | PARIS
rue Charles de Muyssart, 24 | rue des Saints-Pères, 30

INTRODUCTION

L'HÉLIOGRAPHIE

I

Du grec *helio*, soleil, et *grapho*, j'écris, l'héliographie, à proprement parler, devrait avoir pour
objet l'étude et la description du soleil.

Cependant, dans la pratique, ce terme scientifique
s'applique tout spécialement à l'art général de fixer
l'image lumineuse dans la chambre noire.

Le daguerréotype et la photographie ensuite, sont les procédés les plus connus et les plus utilisés de l'héliographie.

Avant la découverte de Daguerre et même après cette
découverte, l'héliographie, aussi longtemps qu'elle resta dans
les limites que son inventeur n'avait pu dépasser, put paraître
au vulgaire un objet d'études de laboratoire ou de curiosité,
de portraiture, comme on dit dans les campagnes.

Mais quand la photographie survint, substituant le papier
au métal et facilitant un tirage analogue, bien qu'obtenu par
d'autres procédés, à celui de la typographie ou de la lithographie, il fut permis de prévoir la grande célébrité et les

immenses avantages que l'œuvre de Daguerre allait rendre aux sciences, aux arts, à l'industrie.

Disons, du reste, que, dès l'apparition des premiers portraits sur plaques de métal, répandus par Daguerre, le monde savant et artistique s'était ému.

Parmi les savants, il y eut comme une sorte de vision de l'avenir réservé à ce *pinceau de la nature*, qui venait mettre si inopinément le soleil au nombre des serviteurs de l'homme.

D'autre part, le fait même de la découverte de Daguerre devait apporter dans les connaissances chimiques, bien moins avancées alors que de nos jours, bien qu'un demi-siècle à peine se soit écoulé depuis, des aperçus jusqu'alors ignorés.

Dans le monde des arts, l'émoi se produisit sous une toute autre forme.

Ici, ce ne fut pas seulement de l'admiration et de l'espoir qui se mêlèrent à la surprise ; la crainte remplaça ces deux sentiments.

Dessinateurs, graveurs, peintres se demandèrent ce que deviendrait l'art immortel des Michel-Ange et des Raphaël, lorsque l'artiste le mieux doué se trouverait en présence d'un rival tel que le superbe souverain de la nature.

Une seule espérance pouvait diminuer cette panique : la pensée que l'invention nouvelle resterait dans ses langes, c'est-à-dire que les difficultés offertes par la nécessité d'employer des plaques de métal en limiteraient l'extension.

On sait qu'il n'en fut pas ainsi ; on sait quels usages nombreux et variés reçurent, dès leur apparition, les épreuves des photographies sur papier.

Les alarmes redoublèrent, et aujourd'hui on ne peut s'empêcher de sourire au souvenir des prédictions plus ou moins fantaisistes, d'après lesquelles les arts du dessin devaient, dans un délai rapproché, disparaître complètement.

Les optimistes, qui prétendaient que la photographie pourrait bien, au contraire, prêter un secours puissant et utile aux œuvres d'arts, aussi bien pour leur reproduction que pour

leur composition même, ne manquaient point de contradicteurs,
et les timides — nous en avons connu — n'osaient soutenir
leur avis favorable qu'en petit comité, et encore à voix très
basse. .

⸎ Les optimistes avaient cependant raison. En vulgarisant
l'art, le grand art, la photographie a répandu dans tous les
rangs de la société et jusque dans les campagnes les plus
reculées, la connaissance et l'admiration des chefs-d'œuvre de
tous les siècles ; chefs-d'œuvre que la gravure ne reproduisait
dans leur perfection qu'à la condition d'être exécutée elle
même par une main habile, c'est-à-dire d'exiger une rémuné-
ration telle que chaque épreuve, devenant ainsi une œuvre
d'art, avait une valeur peu accessible à la plupart des fortunes,
même parmi les amateurs.

Pour être franc, cependant, nous devons avouer que deux
branches de l'art très en vogue au xviii° siècle et au commencement du xix°, la miniature et la lithographie, ont beaucoup
souffert des envahissements de la photographie.

Mais, par contre, quelle aide le peintre et le dessinateur ne
reçoivent-ils pas pour la composition de leurs œuvres, de ces
épreuves prises sur le fait et dans le pays même, qui mettent
en scène et leur permettent de reproduire, non plus cette
couleur locale toute fantaisiste, qui parfois jette un disparate
fâcheux dans les chefs-d'œuvre d'autrefois les plus incon-
testés, mais la fidèle image des objets eux-mêmes.

Si nous voulions sortir ici des avantages ainsi offerts à l'art
proprement dit par la photographie, nous insisterions sur les
services qu'elle rend à l'industrie, à la littérature, et l'on peut
dire, sans crainte d'être démenti, à toutes les branches des
connaissances humaines.

Du reste, la photographie, à cet égard, peut et doit être
considérée comme un complément obligé des grandes découvertes, qui font de notre siècle une époque à part dans l'histoire de l'humanité.

L'électricité, la vapeur — et peut-être bientôt l'aérostat —

ont rapproché les distances, mis les peuples à même de s'apprécier, de s'entr'aider et d'échanger presque sans frais les produits des divers climats.

Mais à tout cela, il manquerait, sans la photographie, ce qui, pour la plupart des hommes, est une condition presque nécessaire de compréhension : la vue des types, l'idée exacte des productions naturelles du sol et de ce sol lui-même. En un mot, tous ces mille détails indispensables à l'ensemble d'un tableau et que l'esprit le plus subtil est impuissant à imaginer, lorsque les lieux et les choses dont il s'occupe ne lui sont connus que par de simples descriptions.

Grâce à la photographie, cet inconvénient n'existe plus ; partout où un de nos navires aborde, partout où pénètre un Européen, aborde et pénètre aussi un appareil photographique, et ce n'est plus sur de simples croquis, mais sur des vues exactes que la nature, ainsi prise sur le fait, vient nous apporter la parfaite image de son aspect et de ses œuvres.

Peut-être nous sommes-nous trop étendu sur des faits si généralement acceptés aujourd'hui, que les énoncer peut sembler puéril. Mais il nous semble que la jeunesse à laquelle ces lignes sont destinées, doit être mise en garde contre l'espèce d'indifférence qui s'attache à toutes ces merveilles, que les plus grandes époques de l'antiquité nous envieraient, s'il leur était donné de revivre pour les admirer.

Un autre motif contribue à justifier le goût particulier qui nous porte à nous complaire dans ce genre de réflexions à la fois rétrospectives et presque contemporaines.

Rétrospectives, puisque les faits dont il s'agit, tout récents qu'ils soient, sont tellement entrés dans la pratique, qu'on se prend à se demander souvent s'ils n'ont pas toujours existé.

Presque contemporaines, puisque la plupart des hommes qui s'occupent de sciences et d'arts les ont vus se produire et ont connu leurs inventeurs.

Un motif de notre prédilection sera sûrement apprécié de nos lecteurs.

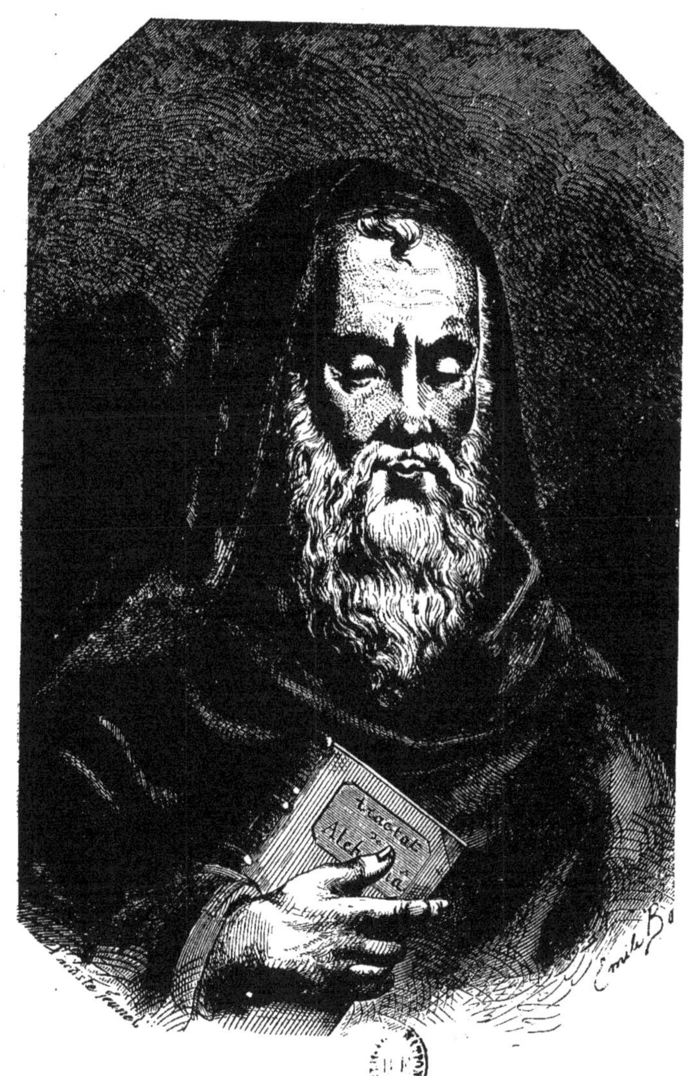

ROGER BACON

C'est, en effet, une sorte de revendication patriotique qui s'impose ici à notre plume, puisque « cette conquête de la lumière, cette transformation du dieu Phœbus en serviteur docile et utile de la science, a été inaugurée par deux Français, Niepce et Daguerre. »

II

Avant d'aborder les biographies des savants, dont le nom est inséparablement attaché à la grande découverte qui nous occupe, nous croyons devoir esquisser, à larges traits, l'histo-

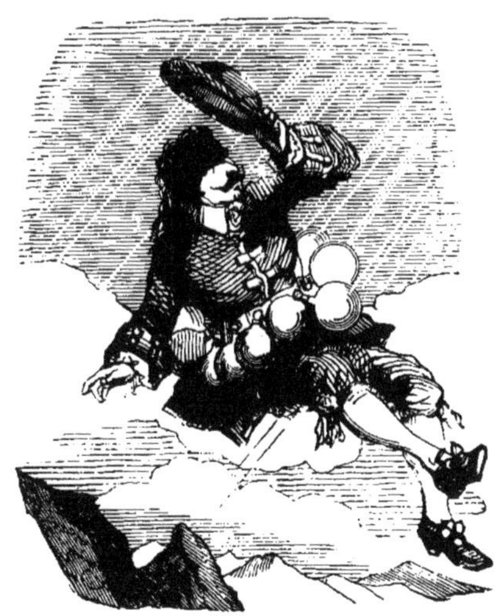

CYRANO DE BERGERAC

rique de cette invention et rechercher par quelles attaches on peut la faire remonter, avec plus ou moins de certitude, à une époque relativement ancienne, les XVIe et XVIIe siècles.

Nous prendrons pour guide de cette étude un de nos vulgarisateurs scientifiques les plus estimés, le baron Ernouf (1).

C'est seulement au xvie siècle que nous rencontrons deux précurseurs lointains, inconscients, de la photographie, le médecin alchimiste *Fabricius* (1556) et le physicien *Porta* (1560-1615), qui eut aussi le pressentiment de l'emploi de la vapeur comme force motrice.

L'importance corrélative de ces deux découvertes, la chambre noire et les propriétés du chlorure d'argent, demeura complètement inaperçue pendant deux siècles. La possibilité d'utiliser l'effet de la lumière sur une surface *sensibilisée*, pour former et retenir les images, est signalée pour la première fois dans un livre bizarre, publié en 1760, qui contient, parmi une foule d'extravagances, une véritable pronostication des merveilles de la photographie.

Il ne faut pas trop railler ces lueurs prophétiques ou en médire, car on en a vu surgir ainsi dans toutes les voies de la science et du progrès.

Roger Bacon avait annoncé, dès le xiiie siècle, les prodiges futurs de la vapeur.

Au xvie, l'avocat Raoul Spifame, un fou, qui avait d'étonnants accès de lucidité, proposait des réformes administratives et financières, qui n'ont été opérées que depuis 1789.

Un autre maniaque moins connu, le sieur *de Rompt-Saillant*, auteur de la *France guerrière* (1644), conseilla le premier établissement de l'unité monétaire, la construction d'un hôtel pour les soldats invalides. Enfin, on sait que Cyrano, dans son *Voyage fantastique*, a décrit assez exactement les procédés d'aérostation, employés cent cinquante ans après par les frères Montgolfier.

En 1777, *Scheele* (2), habile chimiste suédois, étudia soigneusement l'action des rayons solaires sur le chlorure d'ar-

---

(1) *Les inventeurs du gaz et de la photographie.*

(2) Voir la biographie de ce savant à l'appendice placé à la fin du volume.

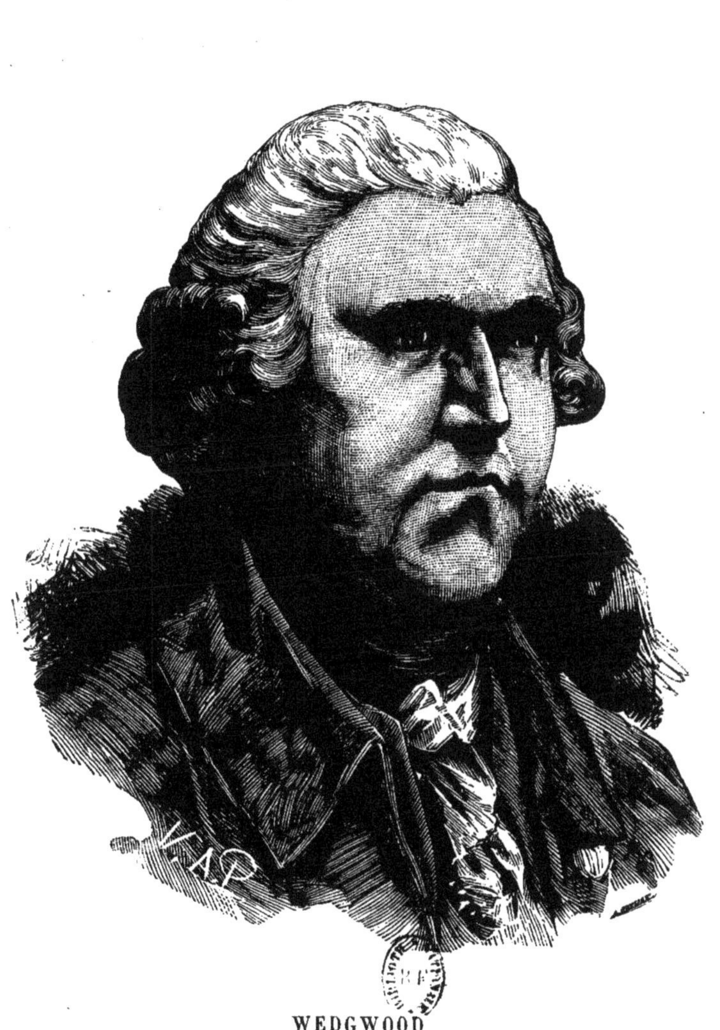

WEDGWOOD

gent. Il remarqua, le premier, que cette influence était exercée
d'une façon fort inégale par les différents rayons du spectre.

Quelques années après, ces observations de Scheele furent
utilisées par le physicien français *Charles*, pour l'exécution de
ses portraits à la silhouette, qu'on doit considérer comme le
plus ancien essai pratique de photographie.

Ces portraits, qui, deux siècles auparavant, auraient probablement valu à leur auteur les honneurs du bûcher, étaient une première tentative pour combiner les découvertes de Fabricius et de
Porta. Un rayon de soleil, pénétrant par l'unique ouverture de
la chambre noire, projetait la silhouette du modèle sur un
écran imbibé de chlorure d'argent. Sous l'influence de la
lumière, les parties éclairées de cet écran ne tardaient pas à
noircir ; celles que protégeait l'ombre restaient blanches, de
sorte que la silhouette du personnage interposé se découpait en
blanc sur un fond noir. Mais comme Charles ne connaissait pas
les agents fixateurs, il n'obtenait que des résultats éphémères.
Dès que le modèle se retirait, la silhouette ne tardait pas à
disparaître.

Charles imagina aussi, dit-on, d'appliquer sur son écran
sensibilisé des gravures dont il obtenait ainsi des calques
grossiers, il est vrai, et fugitifs comme ses silhouettes
humaines.

Nous n'avons malheureusement que des renseignements
vagues sur une autre expérience, dont le souvenir a peut-être
mis Niepce, vingt ans plus tard, sur la voie de sa grande
découverte.

En 1802, le fameux potier anglais, Wedgwood, qui s'occupait aussi de physique et de chimie, publia un mémoire
curieux sur la reproduction des images par la lumière.

Il avait réussi, comme Charles, à obtenir des silhouettes,
mais en plein air et non à la chambre noire, sur un papier
imbibé de nitrate d'argent. Il avait remarqué « que le papier
ainsi préparé ne subissait aucune modification dans l'obscurité,
mais qu'à la lumière du jour, il changeait rapidement de cou-

leur et finissait par noircir tout à fait ; que la rapidité de ce changement était proportionnelle à l'intensité de la lumière ; qu'ainsi il n'était complet qu'au bout de plusieurs heures à la lumière diffuse, tandis qu'au soleil deux ou trois minutes suffisaient. »

Une autre observation du physicien anglais confirmait celle de Scheele.

« La lumière transmise à travers un verre rouge avait une action beaucoup moins active que celle qui traversait un verre bleu ou violet. »

Ces expériences avec le nitrate d'argent furent réitérées par le célèbre chimiste *Humphry Davy* (1), qui pressentit nettement l'importance du problème de la fixation des images, mais ne réussit pas à le résoudre. « C'est là, pourtant, disait-il, qu'est le véritable intérêt de ces recherches. »

Ainsi, il n'y avait eu encore, dans cette région scientifique à peine entrevue, que des tentatives d'occupation équivoque, éphémère ; des images négatives, fugitives, que la quantité de jour indispensable pour les entrevoir faisait promptement disparaître.

Davy n'avait pu trouver d'*agents fixateurs* capables de forcer en quelque sorte la lumière dans ses derniers retranchements, en la contraignant de restituer aux regards humains son œuvre secrètement empreinte sur la surface sensibilisée.

Il appartenait à deux chercheurs français, Nicéphore Niepce et Niepce de Saint-Victor, de reprendre, de coordonner toutes ces prémisses et d'en faire jaillir la lumière, — ceci soit dit sans jeu de mots.

(1) Voir à l'appendice.

WILLIAM ET JOHN

HERSCHELL

WILLIAM HERSCHELL

1738 — 1822.

✦

I

'HISTOIRE DE WILLIAM HERSCHELL est intéressante et curieuse à plus d'un titre. Elle montre ce que peuvent le travail et la persévérance, quand ces qualités sont mises au service d'une intelligence d'élite et surtout d'un cœur droit et honnête.

En 1759, raconte un de ses biographes, William Herschell, né en 1738 à Hanovre, alla en Angleterre chercher fortune.

Le jeune homme n'avait, à proprement parler, pas d'état; mais sa bonne volonté, son goût pour les arts — il ne poussait pas alors son ambition jusqu'à penser aborder jamais les arcanes de la science — lui permettaient de se rendre utile en une foule de choses.

Il s'engagea dans un régiment qui tenait garnison sur les frontières d'Écosse, et comme tous les Allemands sont plus ou moins musiciens, tandis que les Anglais ne sont généralement pas bien doués sous ce rapport, il se sentit capable, à la première audition de la musique du régiment, d'en remontrer à tous ceux qui en faisaient partie.

Il s'en ouvrit à quelques camarades; ceux-ci le racontèrent à d'autres, si bien que la prétention du jeune Hanovrien ne tarda pas à être connue des officiers du régiment.

Le colonel, qui était un mélomane et que, par conséquent, l'incapacité de son corps de musique contrariait fort, fit appeler Herschell, lui intima de faire devant lui ses preuves.

Herschell ne s'intimida point. Il soutint un examen théorique et pratique qui probablement ne lui eût ouvert les portes d'aucun Conservatoire, mais qui ravit le brave colonel.

Le lendemain, il était nommé chef-instructeur du corps de musique, où deux jours auparavant il espérait à peine se faire admettre comme simple exécutant.

Ce premier pas fait par Herschell dans « le positif de la vie » fut décisif.

En le déchargeant de toute espèce de service militaire, en lui épargnant les corvées, alors si incessantes, si pénibles pour le soldat, les fonctions qu'il remplissait du reste avec zèle et exactitude lui créaient des loisirs dont il sut profiter.

C'est ainsi que, pendant cette première période de son séjour en Angleterre, il apprit, sans maîtres, l'italien, le latin, un peu de grec et *beaucoup de mathématiques*.

Cependant sa réputation de virtuose s'était répandue, et le recteur de Bath lui fit proposer le poste d'organiste de la chapelle de cette ville.

Cet emploi lui fut très avantageux, non seulement sous le rapport pécuniaire, mais surtout par les relations qu'il lui permit d'établir avec les hauts et puissants personnages, hôtes habituels, pendant l'été, de cet établissement balnéaire, dont la réputation était alors à son apogée.

Invité à se faire entendre dans les réunions les plus élégantes, appelé comme professeur dans les familles les plus distinguées, Herschell eut bientôt ce qu'on appelle la vogue.

Il sut profiter de cette vogue avec tant de modestie et d'entrain en même temps, que sympathie et encouragements lui arrivèrent à la fois.

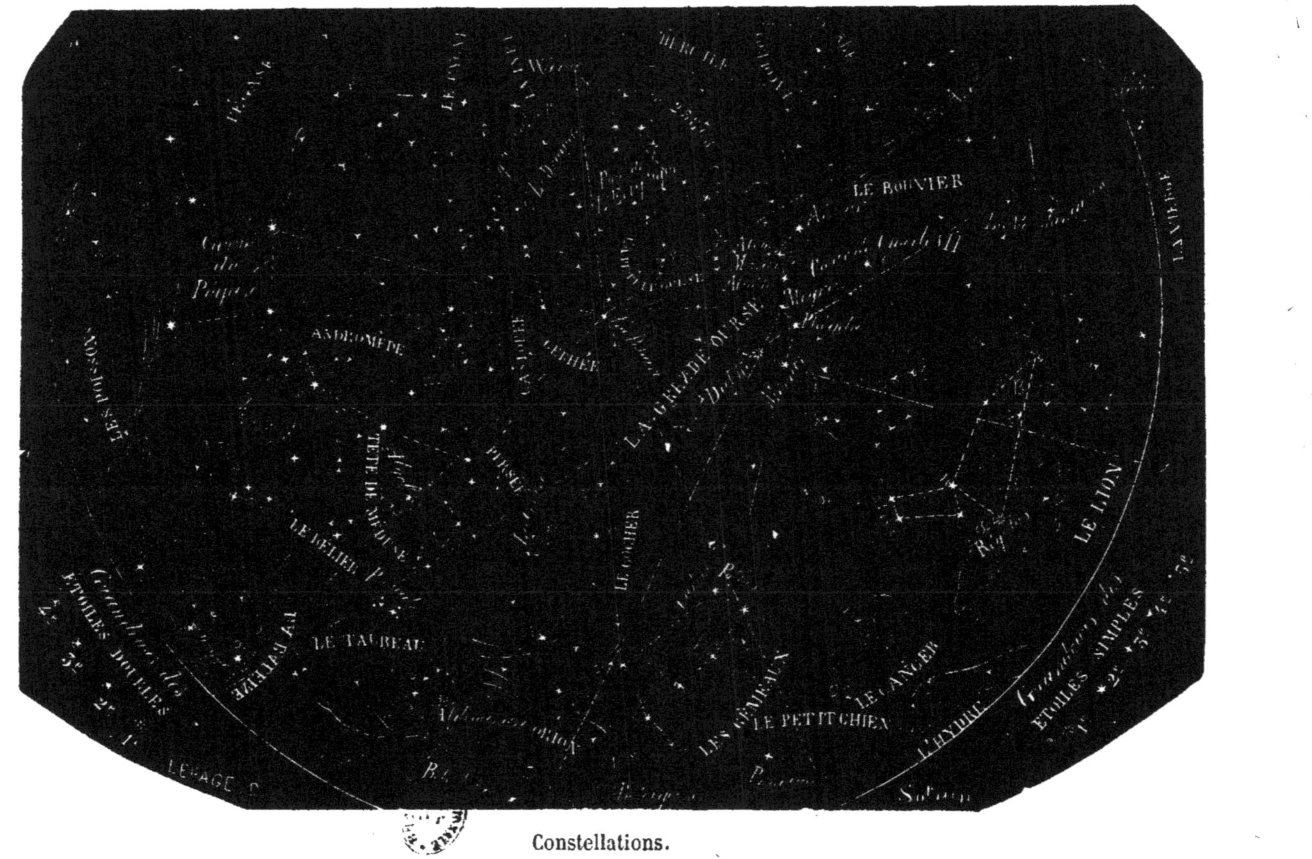

Constellations.

Tout en lui attirait et charmait au premier abord. Et aussitôt qu'on le connaissait, on s'apercevait qu'il méritait la bienveillance qui allait comme naturellement à lui.

Le goût du jeune musicien pour les mathématiques pures en avait déjà fait, à cette époque, un géomètre de premier ordre.

Toutefois, le savant se cachait si bien en lui, sous les traits de l'artiste, que peu de personnes étaient initiées aux travaux auxquels il se livrait presque en secret.

Mais quand, des problèmes dont il trouvait la solution dans la solitude et le silence de son cabinet, Herschell s'éleva par degré jusqu'aux hauteurs célestes, lorsque le géomètre se transforma en astronome, la vérité éclata à tous les yeux.

A côté de l'artiste apparut, comme une ombre glorieuse et transfigurée, le savant dont on ne soupçonnait pas l'existence.

Peu de grands génies se sont ainsi manifestés brusquement et déjà prêts pour la gloire qui les attendait.

Voici ce qui s'était passé : un télescope, un simple télescope de deux pieds de long, lui étant tombé par hasard entre les mains, il s'en était machinalement servi pour observer le ciel.

Ravi, enthousiasmé de ce qu'il aperçut dans ces premiers et si insuffisants examens, il résolut de se procurer un instrument plus puissant et écrivit à Londres à ce sujet.

Avant de lui expédier l'objet demandé, l'opticien, à qui il s'était adressé, lui écrivit pour l'informer du prix.

Jamais on ne vit chagrin plus grand que celui d'Herschell à la réception de cette lettre.

Le télescope coûtait dix fois plus qu'il ne pouvait consacrer à son acquisition.

Il n'était pas dans le caractère ferme et résolu du futur grand astronome de concentrer longtemps sur le même sujet des regrets inutiles.

Mais il ne lui eût pas été plus aisé de renoncer à son télescope.

Que faire? Eh! ma foi! se transformer en mécanicien, en opticien. Construire lui-même la précieuse lunette que l'exiguité de ses ressources ne lui permettait pas de commander à Londres.

Il se mit à l'œuvre. Or on ne construit pas un télescope dans les dimensions rêvées par Herschell sans que les voisins s'en aperçoivent.

On en causa dans la rue habitée par l'organiste, et, de proche en proche, le bruit en arriva jusqu'aux quartiers les plus élégants.

Cependant, et sans se douter de l'émoi qu'il causait, Herschell songeait au moyen de faire de *son* télescope une œuvre à part, c'est-à-dire supérieure à tout ce qui avait été fait jusque-là.

Il s'improvise non seulement mécanicien, mais physicien et chimiste ; « il se lance dans une multitude d'essais sur les alliances métalliques qui réfléchissent la lumière avec le plus d'intensité, sur les moyens de donner aux miroirs une forme parabolique, etc., etc. »

Tous les amis d'Herschell étaient dans l'admiration; lui seul était mécontent de lui : il n'allait pas assez vite.

Enfin, dans le courant de 1774, il eut la gloire, le bonheur « de pouvoir examiner le ciel avec un télescope newtonien de cinq pieds, exécuté tout entier de sa main.

» Des télescopes de sept, de dix et même de vingt pieds succèdent à celui-là, et, le 10 mars 1781, William Herschell a la gloire inouïe de débuter dans la carrière de l'observation par la découverte d'une nouvelle planète, *Uranus,* située aux confins du système solaire. »

A partir de ce moment, on le conçoit, la réputation du musicien-astronome se répandit dans le monde entier.

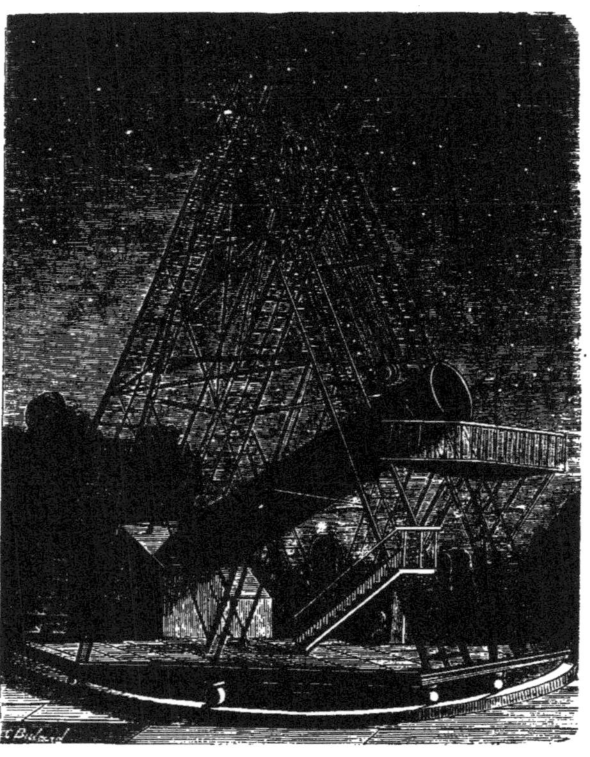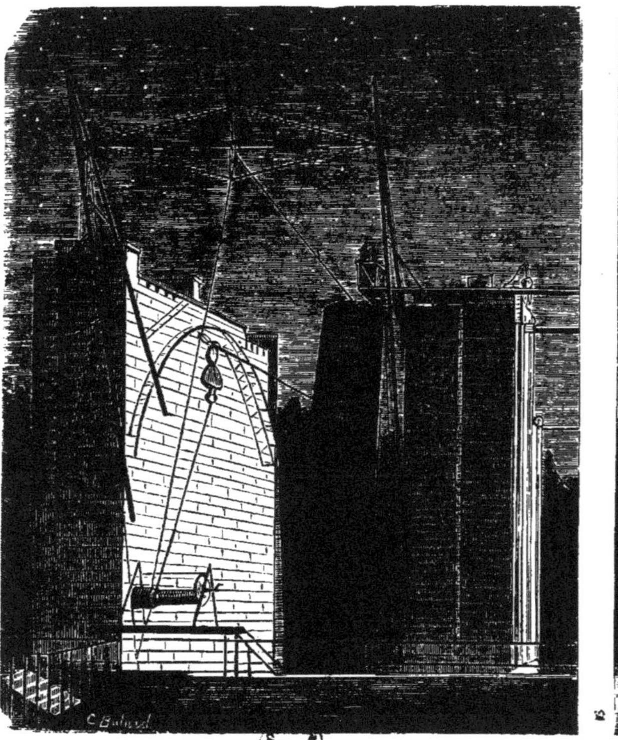

Télescopes de William Herschell et de lord Rosse.

II

Dans une période de deux ans, de 1787 à 1789, Herschell découvrit les satellites d'Uranus, deux nouveaux satellites de Saturne ; « puis il reconnut que le système solaire n'est pas fixe et qu'il se porte vers la constellation d'Hercule. Il donna une attention particulière aux nébuleuses, aperçut dans les masses blanches qui les forment un nombre prodigieux de petites étoiles, et constate parmi celles-ci des étoiles centrales, autour desquelles les autres exécutent une évolution régulière. »

De si éminents services rendus à la science ne devaient pas rester longtemps sans recevoir leur récompense. « Georges III, grand protecteur des savants et surtout des Hanovriens, lui accorda une pension et une habitation près du palais de Windsor. Il fit plus : il voulut se charger de la dépense d'un télescope monstre. Ce télescope fut installé dans le jardin de la maison d'Herschell, à Slough. Le tube avait trente-neuf pieds de long et quatre pieds dix pouces de diamètre. Il pesait plus de vingt quintaux, et il fallait, pour le faire mouvoir, deux hommes de peine, agissant sur une combinaison de mâts, de cordages et de poulies.

Cette immense machine fit grand bruit dans le monde et fut fort admirée. Toutefois la difficulté de la faire mouvoir ne permit pas d'en tirer les avantages qu'on avait espérés.

Herschell fut le premier convaincu de cet inconvénient. Il calcula que « pour faire une revue du ciel avec ce grand instrument, de manière à ce que son ouverture fût dirigée un seul instant vers chaque point de l'espace, il ne faudrait pas moins de huit cents ans !... La longévité de Mathusalem aurait à peine suffi à l'observateur. »

Herschell conserva jusqu'à la fin de sa vie toute sa puissance d'intelligence et presque son activité physique. Il mourut à l'âge de quatre-vingt-quatre ans, le 23 août 1822, comblé d'honneurs et d'années.

« Le grand astronome avait appartenu à presque toutes les sociétés savantes de l'Europe. Il avait été membre de la Société royale de Londres, docteur de l'Université d'Oxford, chevalier de l'ordre hanovrien des Tinelles. Il laissait une foule de mémoires importants qui forment une des principales richesses de la collection célèbre des *Transactions philosophiques*. »

III

Jusqu'ici nos lecteurs ont dû se demander à quel point de vue, l'œuvre de William Herschell pouvait se rattacher à celles de Niepce, de Daguerre, de Talbot.

Et cependant, nous pensons qu'il n'est pas un seul d'entre eux qui ne nous sache gré d'avoir enrichi ce volume de l'esquisse d'une vie aussi intéressante et aussi instructive que celle du « musicien-astronome » dont le génie a illustré deux pays, le Hanovre et l'Angleterre.

Ce n'est toutefois ni par simple curiosité, ni, comme on pourrait le croire, pour placer le *pinceau de la nature* sous le patronage d'un des grands astronomes modernes, que nous avons fait débuter nos biographies par celle d'Herschell.

Un motif plus direct a mis sous notre plume ce grand nom en tête des noms qui vont suivre : nous avons à parler du fils de William, de John Herschell, et comme la vie du second fut la continuation de celle du premier, le récit que nous venons de faire était indispensable, ne fût-ce que comme préambule.

Comme Cassini, le célèbre fondateur de l'Observatoire de

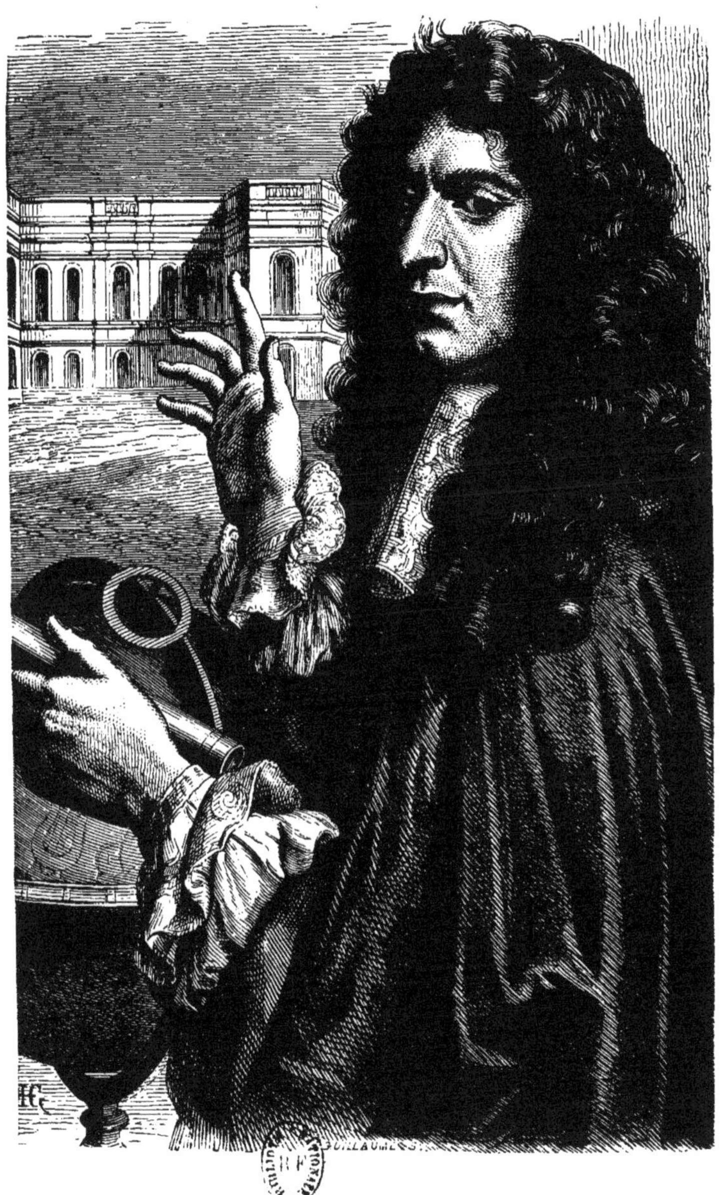

CASSINI

Paris, Herschell sut s'entourer de collaborateurs et de continuateurs appartenant à sa propre famille. Et l'Angleterre eut au xviiie siècle ce que la France avait eu au xviie : une *dynastie d'astronomes illustres*.

En effet, « il eut pour auxiliaire dans la construction de ses télescopes un de ses frères, et dans la rédaction de ses observations astronomiques, sa sœur Caroline, qui fit elle-même quelques découvertes, et qui reçut le titre et les appointements d'*astronome assistant du roi*. »

Enfin il laissa l'héritage de ses goûts scientifiques et de ses secrets pour la construction des appareils d'optique à son fils John. C'est par ce dernier que la « dynastie des Herschell » se rattache à la découverte de la photographie.

Avant d'en finir avec William, un détail curieux sur le grand télescope de Slough.

Ce télescope monstre, dit un auteur anglais, « a été religieusement conservé à Slough par la famille Herschell, comme le plus beau monument qu'on pût élever à la mémoire de celui qui l'avait construit.

» A la place même où avaient été faits les essais de fonctionnement, le tube de bronze, portant à son extrémité le miroir de quatre pieds dix pouces, a été placé horizontalement sur de solides pieds en maçonnerie.

» Le jour où eut lieu l'inauguration de ce magnifique monument, les membres de la famille Herschell, au nombre de sept, après avoir fait processionnellement le tour du télescope, s'introduisirent dans le tube, s'y assirent sur des banquettes et entonnèrent un *Requiem* en l'honneur du défunt.

» Ce *Requiem*, chanté dans le gigantesque instrument dont se servait William Herschell pour pénétrer jusque dans les profondeurs des cieux, a dû monter jusqu'aux pieds des élus, et le repos des élus n'aura pas été refusé au savant, dont « la » fortune, la gloire n'altérèrent jamais le fond de candeur » enfantine, de bienveillance inépuisable, de douceur de » caractère dont la nature l'avait doué. »

HERSCHELL

(JOHN-FREDERIC-WILLIAM)

1792 — 1871 (1).

I

Nous n'avons à nous occuper ni de l'enfance, ni de la première jeunesse de John Herschell. Il est aisé de se rendre compte de ce que dut être l'éducation, l'instruction de l'enfant, et plus tard du jeune homme, dans cet intérieur patriarcal et laborieux, où la science eût tenu la première place, si William Herschell n'eût estimé que « le devoir » doit tout primer, même les entraînements auxquels conduisent parfois les inspirations du génie.

(1) Nos lecteurs nous pardonneront de ne pas nous assujettir dans ce travail, comme nous l'avons toujours fait précédemment, à l'ordre chronologique des dates de naissance des savants que nous notons.

La suite des faits, l'ordre des documents que nous avons à raconter, parfois même les rapports de famille — et c'est ici le cas, — la grande figure de William Herschell ne pouvant être déplacée du rang qu'elle occupe dans l'histoire de la science, nous ont semblé nécessiter ces interversions de biographies.

Toutefois William avait eu trop à souffrir, trop à lutter surtout du manque de ces études élémentaires et techniques qui constituent, si l'on peut ainsi parler, *la clef* de toutes les connaissances humaines, pour ne pas être, avant tout, désireux d'en assurer le profit à son fils.

Son ignorance des choses de la vie, de celles surtout « du cœur humain, » lui avait fait comprendre aussi que le contact de camarades du même âge est presque toujours indispensable au début de la vie.

Aussi, et quoi qu'il lui en coûtât, se décida-t-il à envoyer de bonne heure John à Cambridge.

L'enfant y arriva si bien préparé qu'il ne tarda pas à s'y distinguer.

Entré à treize ans dans cette université alors et aujourd'hui encore justement célèbre, il avait à peine atteint l'âge réglementaire qu'il était reçu bachelier ès arts.

A partir de ce moment, il s'occupa tout particulièrement de chimie et de physiologie.

A vingt ans, il publiait un ouvrage qui eut un certain retentissement et dont le titre est : *Application du calcul différentiel.*

Six ans plus tard, le *Journal philosophique d'Édimbourg* publiait ses intéressantes recherches sur l'*acide hyposulfureux* et les sels qui en dérivent.

L'année suivante enfin, un Mémoire sur la *théorie des séries* achevait de prouver au monde savant que le fils serait digne du père.

Le premier Mémoire de John Herschell sur la *théorie des optiques* date de 1830.

Dès lors, le savant anglais devient à son insu, sinon le collaborateur, du moins l'émule de Niepce et de Daguerre, et surtout des savants qui s'occupent actuellement de *photochromie*. Non cependant que l'illustre savant ait tourné ses investigations vers l'impression, dans la chambre noire, d'images héliographiques colorées ; mais par les progrès immenses, on

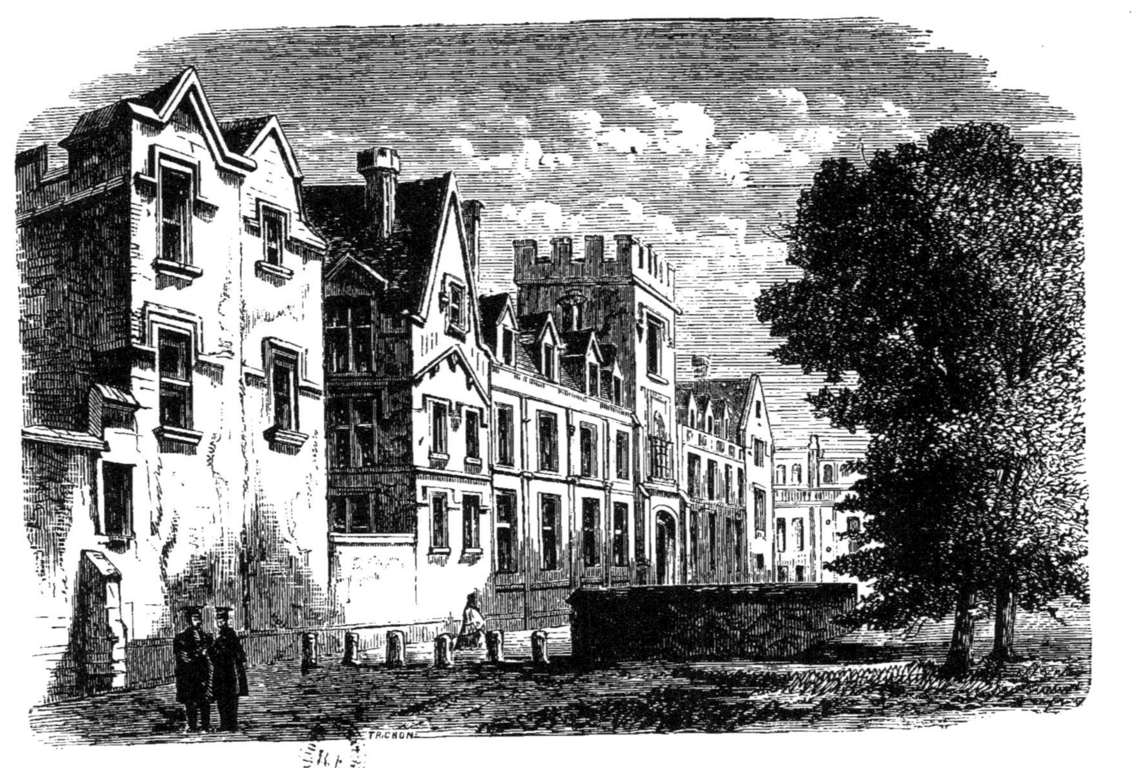

Cambridge

pourrait dire par la transformation qu'il a apportée dans la
théorie de l'action du spectre solaire sur toutes les productions de la nature. On peut assurer en toute vérité que
rien de ce qui touche à cette grave question, rien de ce qui
en découle ne saurait se refuser à compter John Herschell —
peut-être devrions-nous dire les deux Herschell — parmi les
savants modernes auxquels les arts doivent ou leur naissance, ou leur perfectionnement.

II

« Au couronnement de la reine Victoria, Herschell était
déjà assez illustre pour que la jeune souveraine crût devoir
l'élever à la dignité de baronnet. En 1839, il fut reçu docteur
à Oxford ; en 1845, il fut nommé président de l'Association
britannique ; en 1848, président de la Société royale astrono-
mique, et, deux ans après, président de la Société royale de
Londres, fonctions que sa santé l'obligea de résigner en 1855.

» Membre correspondant de l'Institut de France, il fut élu,
en 1855, en remplacement de Gauss, un des huit associés
étrangers de notre Académie des sciences.

» Outre les médailles de la Société d'astronomie qu'il reçut
en 1838, sir John avait reçu la médaille de Copley, en 1821,
pour ses Mémoires de physique et de mathématiques insérés
dans les transactions philosophiques dont nous avons parlé.

» En 1847, on lui décerna une seconde fois cette marque de
distinction pour les précieuses observations qu'il avait été
chargé de diriger au Cap. Il avait déjà reçu la médaille royale
en 1833 pour ses recherches sur l'orbite des étoiles doubles,
et un rappel de cette médaille, en 1840, pour un très remar-

quable rapport intitulé : *Action chimique des rayons du spectre solaire* et quelques autres sujets.

Ces Mémoires contiennent beaucoup de vues nouvelles. Un supplément leur fut donné par Herschell, en 1843, sous le titre : *Action du spectre solaire sur les couleurs végétales.* »

III

Comblé d'honneurs, élevé aux plus hautes dignités auxquelles puisse prétendre l'ambition humaine, respecté, aimé de ceux qui le connaissaient, et objet d'admiration pour le monde entier, John Herschell eut le rare bonheur de porter un nom illustre, sans en être, sinon écrasé, du moins rapetissé.

Ce privilège de transmettre à ses enfants une réputation d'aïeul, rehaussée par l'éclat de la renommée paternelle, ne se rencontre pas souvent dans l'histoire.

Peut-être est-ce dans le monde scientifique qu'il s'est le plus souvent produit.

Le présent volume des *Savants modernes*, qui en donne une preuve avec William et John Herschell, nous montrera, avec les Niepce, une famille également bien douée.

Cela tient sans doute à ce que les recherches, les expériences auxquelles se livrent les savants — surtout en chimie et en physique — ont un attrait tout particulier de curiosité.

Ils cherchent « l'inconnu, » et l'inconnu est, avec « l'infini, » un des attributs de Dieu.

Or l'âme humaine est dès l'enfance, et peut-être « surtout dans l'enfance, » invinciblement attirée vers ce monde « qu'on ne voit pas » mais qu'on « pressent, » vers ce monde surnaturel qui nous entoure, qui nous enserre de toute part,

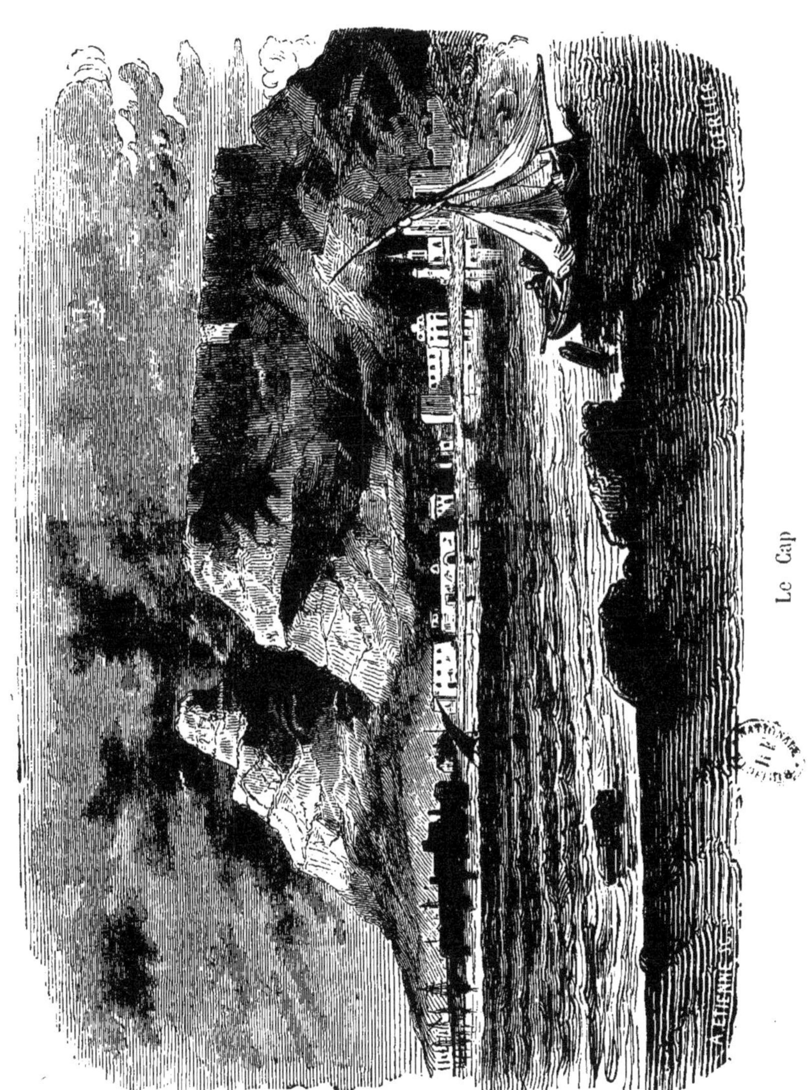

Le Cap

alors même que notre esprit révolté et se disant « fort » veut
en nier l'existence.

Or l'enfance, la première jeunesse même, ne comporte
pas ce genre de révolte d'esprit.

Le monde matériel ne suffit pas aux aspirations instinctives
de l'enfant. De là, ce besoin insatiable de contes merveilleux,
de récits fantastiques, qui, chez tous les peuples et dans toutes
les langues, a donné naissance à une littérature particulière,
s'il est permis, sauf quelques rares exceptions, — Perrault en
France, Hoffmann en Allemagne, Dickens en Angleterre, —
d'employer le mot littérature, qui a donné, disons-nous, naissance aux légendes de fées et aux contes de nourrice.

Or, comme l'enfant porte caché en lui le sentiment très
net de la vérité, la première question d'un petit auditeur n'est-
elle pas invariablement celle-ci :

— C'est bien vrai au moins?

Il est facile de se rendre compte comment, en voyant se
développer sous ses yeux les merveilles de l'invention, en
suivant d'un regard avide les résultats d'une expérience, en
constatant les transformations que la baguette d'enchanteur
dont la main qui la dirige lui est connue, il est soudain
pénétré d'une lumière inattendue qui l'enchante et le trans-
porte dans des régions vraiment fantastiques bien que
réelles.

— Oui, un monde inconnu existe, puisque chaque jour la
science lui arrache quelqu'un de ses secrets! Oui, les fées,
les bons et mauvais génies existent, non pas, comme la
légende l'enseigne à tort à la généralité des enfants, sous
la forme d'êtres, plus ou moins impalpables, bien que vivants,
ayant reçu le pouvoir de nuire aux hommes ou de leur être
utiles ; mais sous la forme de forces cachées, soit au sein de
la terre, au fond des abîmes de la mer, soit répandues dans
l'espace, et qu'il s'agit de reconnaître et d'utiliser.

Et ainsi, l'amour du merveilleux s'unissant à la passion du
vrai, l'esprit de l'enfant se développe et s'élève.

Il veut être, lui aussi, un de ces pionniers de l'intelligence dont il a devant lui un type honoré et admiré : son père !

Alors, pour peu que ses aptitudes naturelles s'y prêtent, il aborde résolument, et déjà préparé à ses déceptions et à ses luttes, la carrière de ce père dont il ambitionne de devenir « l'aide » d'abord et ensuite le continuateur.

Et pour les pères de tels enfants quelle joie suprême !

Revivre dans ses enfants, n'est-ce pas là, en effet, le but que l'homme doit se proposer, la récompense par excellence qu'il doit demander à Dieu ?

La fin de John Herschell fut aussi heureuse, aussi paisible que l'avait été celle de son père.

Depuis plusieurs années, il s'était retiré dans un manoir, que sa famille avait acheté dans le comté de Kent.

Il y mourut en 1871, mais n'y trouva point, comme il l'avait cru, sa sépulture.

Par ordre de la reine, ordre ratifié par un vote du parlement, ses restes, ramenés à Londres, y reçurent les honneurs des funérailles nationales. On les déposa ensuite à Westminster, auprès de ceux des souverains et des plus illustres citoyens d'Angleterre.

Honneur à un pays qui récompense ainsi ses savants ! honneur aux savants qui méritent de semblables distinctions !

DAGUERRE

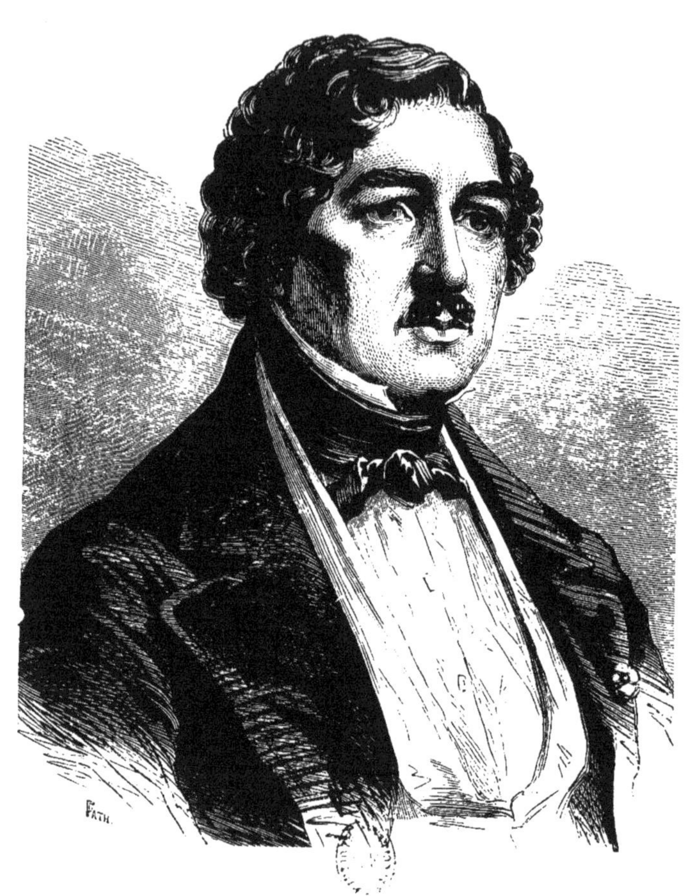

DAGUERRE

DAGUERRE

1787 — 1861.

I.

Si nous voulions nous tenir, dans le programme que nous impose notre titre générique, aux *Savants modernes*, nous hésiterions peut être à placer dans ce volume le nom que nous venons d'inscrire en tête de cet article.

Daguerre, en effet, ne fut pas un savant dans l'acception qu'on est accoutumé à donner à ce mot.

Il ne fut ni un disciple assidu des écoles de son temps, ni un expérimentateur de laboratoire.

Je ne sais même si ceux qui l'ont connu dans sa jeunesse auraient pu revendiquer, pour lui, la qualité de véritable artiste.

Bien que, à proprement parler, fils de ses œuvres, il avait eu une enfance bien dirigée. Doué de l'activité que rien n'arrête, que rien ne décourage ; décidé à se faire, par des moyens honorables toujours, mais sans s'inquiéter des obstacles, une situation qui lui procurât la fortune et la renommée, il tourna ses vues du côté des beaux-arts, renonçant à un emploi que sa famille venait de lui obtenir dans une des administrations publiques, alors en formation.

Il entra chez un peintre décorateur qui jouissait d'une grande renommée.

Nous ne savons ce que les parents et les amis de Daguerre purent penser de ce changement d'état.

Rencontra-t-il quelques-uns de ces obstacles qui sont, assure-t-on, la pierre de touche des grands succès à venir? Aucun de ses biographes n'a pris, croyons-nous, la peine de renseigner le public à cet égard.

Mais ce que la suite a surabondamment prouvé, c'est qu'en agissant ainsi, le jeune homme, presque l'enfant, obéissait à cette voix secrète et puissante que chacun de nous porte en soi, et qui, si elle était mieux écoutée, empêcherait bien des déclassements, et procurerait à la société de bien utiles serviteurs.

Employons sans crainte le mot, quelque discrédité qu'il soit aujourd'hui, quand il ne s'applique pas aux carrières religieuses : il cédait à l'attrait de sa vocation.

Qui eût dit, à ce rapin d'atelier, lorsqu'il broyait et mélangeait le chrome et le vermillon, qu'un jour viendrait où, sans sortir d'abord de sa profession de peintre décorateur, il y introduirait des améliorations, une perfection même, qui, à elles seules, lui eussent valu une juste célébrité?

Qui lui eût dit que son esprit curieux et subtil, entrevoyant les améliorations que la physique et la chimie pouvaient lui permettre d'introduire dans ses travaux, lui inspirerait la courageuse résolution de se livrer à l'étude de ces sciences?

Qui lui eût dit qu'à la suite de ses études, il arriverait à une des principales découvertes de notre temps?

Certes, il eût été bien étonné alors, si quelqu'un de ces devins de village ou de ces somnambules de ville, qui, quelquefois à force de vouloir stupéfier leurs clients, imaginent des « combles, » se fût avisé de lui prédire que son nom, bien qu'il ne fût consacré par aucun diplôme, par aucun titre académique, prendrait place de son vivant et resterait à jamais parmi les noms les plus illustres de la science.

Que d'hommes, doués d'une aptitude particulière et pouvant produire de grandes choses, sont restés obscurs, inutiles, uniquement parce que « le feu sacré du travail et de l'invention, » qui a porté si haut Daguerre, est resté en eux une sorte de lettre morte.

Peut-être avaient-ils la volonté, l'énergie, mais il leur manquait ce qui est nécessaire à l'inventeur : l'audace. Non pas cette audace de l'homme qui, infatué de lui-même, ou refusant de tenir aucun compte, soit des différences sociales, soit du respect dû à l'autorité, s'insurge contre les lois, les coutumes, les pratiques de son temps; mais de cette persistance à suivre le but qu'on se propose d'atteindre, de cette sorte de fermeté inébranlable qui fait les hommes de mérite, inspire les héros de la vie privée, et que nous voudrions contribuer à faire germer dans l'âme de tous nos lecteurs.

II

Après cette vue d'ensemble qui nous a paru nécessaire pour faire ressortir l'*individualité* toute particulière qui caractérise Daguerre, dans l'art et dans la science, nous allons revenir sur nos pas, c'est-à-dire prendre l'inventeur de la photographie au début de sa vie et le suivre jusqu'à sa mort.

Né en 1787, à Cormeilles-en-Parisis, charmant village des environs d'Argenteuil (Seine-et-Oise), LOUIS-JACQUES-MANDÉ DAGUERRE puisa, dans les ravissants tableaux qui frappèrent ses yeux et son imagination d'enfant, le goût marqué qu'il témoigna pour l'art du dessin.

Dans les environs de Paris, si justement renommés pour

leurs sites pittoresques, aucun, en effet, ne surpasse ce *vignoble d'Argenteuil*, dont les produits faisaient, dit-on, les délices de Henri IV et de sa cour. La qualité de ces produits a dû diminuer de valeur, ou bien le goût de nos ancêtres différait singulièrement du nôtre; mais le charme, l'imprévu, la diversité des points de vue n'ont pas varié. Le caractère agreste que donne à cette petite région la fidélité de ses habitants à la culture vinicole et maraîchère qui, presque partout ailleurs, a fait place dans ce rayon de Paris aux châteaux et aux villas, est le même aujourd'hui qu'il y a deux siècles.

Au moment où Daguerre eût dû commencer ses études, la tempête révolutionnaire avait emporté et jeté aux quatre vents du ciel les institutions du passé. Le temps n'avait pas encore permis de rien édifier sur ces ruines, de sorte que, pour ne parler que de l'enseignement public, les écoles primaires aussi bien que les établissements d'enseignement secondaire étaient rares et fonctionnaient fort mal.

La génération à laquelle appartenait Daguerre en souffrit cruellement. Jamais, depuis bien des siècles, l'instruction de la jeunesse n'avait été aussi négligée en France, qu'elle le fut pendant cette période heureusement très courte.

Toutefois, peut-on, en parlant de l'inventeur de la photographie, regretter la liberté et l'indépendance si fatale aux autres enfants de l'école buissonnière passée à l'état de vie habituelle?

Nous sommes convaincu, au contraire, que le futur créateur du Diorama dut à cette contemplation sans cesse renouvelée des beautés de la nature, à l'observation et à l'étude des magnifiques panoramas dont la vue lui causait une admiration toujours nouvelle, le génie particulier qu'on vit bientôt éclater en lui.

Aussi bien, le vent d'indépendance et de liberté qui soufflait alors sur la France, effrayant les uns, électrisant les autres, et, bon gré mal gré, soulevant et entraînant les masses, était-il fait pour développer, sans lui nuire, une nature telle que celle de Daguerre.

Sa figure irrégulière, mais expressive, respirait la confiance, l'entrain, l'intelligence vive et prime-sautière ; sa tête était vraiment celle d'un artiste dont la destinée se révéla en quelque sorte, dès sa première jeunesse, « dans ce regard clair et jeune, dans ces méplats des sourcils fortement accusés, dans cette bouche à laquelle la lèvre inférieure et fendue légèrement donne une expression marquée de réflexion et de sagacité. »

Le portrait moral s'accordait admirablement avec le portrait physique, dont nous venons de tracer les principales lignes.

Presque enfant de Paris, il possédait les qualités brillantes et attachantes du Parisien, notamment « cette bonne humeur inaltérable, cette verve un peu gouailleuse, cette imagination pleine de ressources et toujours en éveil, qui ne lui firent jamais défaut. »

Du Parisien encore, il avait cette facilité à s'amuser de tout, à s'intéresser à tout ce que les esprits soi-disant sérieux appellent de la *badauderie*, mais qui, chez un artiste surtout, est, au contraire, l'indice d'un esprit enclin à l'observation et à l'analyse.

Enfin, il possédait la qualité maîtresse dans toutes les choses de la vie humaine, la volonté servie par une persévérance à toute épreuve.

Tel fut le bagage fort léger, d'après le jugement de ceux qui estiment par-dessus tout « les sacs gonflés d'écus, » avec lequel Daguerre aborda la vie qu'il avait rêvée et qu'il aimait la vie artistique.

Il venait de donner sa démission de l'emploi que sa famille lui avait obtenu dans les contributions indirectes, alors en formation.

Ses parents, inquiets sinon mécontents, se demandant où aboutirait pour lui cette voie nouvelle, refusaient de l'aider à en franchir les premiers pas.

Comprenant dès lors que son avenir ne dépendait absolument que de lui, Daguerre puisa dans cet isolement intellec-

tuel et moral où on le plongeait, pour le décourager peut-être,
un redoublement d'énergie.

Ces grands jeux de lumière et d'ombre, ces contrastes de
paysages dans le désordre apparent desquels la nature place
une si puissante harmonie, avaient agi trop profondément sur
le caractère artistique du jeune homme, pour que la manière
« essentiellement académique » des maîtres de l'époque, pût
avoir de l'attrait pour lui.

Ce ne fut donc pas vers l'atelier de David ou des autres
grands peintres du temps qu'il se dirigea.

Il choisit un genre plus modeste mais bien mieux dans
ses goûts, et entra, comme élève, chez Degats, décorateur de
l'Opéra.

Ses progrès y furent rapides, et Degats lui-même comprit
que bientôt « l'élève dépasserait le maître ! »

En effet, bien qu'il exposât de temps à autre des tableaux
de genre, Daguerre se fit surtout remarquer par ses décora-
tions théâtrales, qui surpassaient tout ce que Bibiena, Munich,
Degoli et autres maîtres avaient su produire : *les Machabées,
le Belveder, Colas Élodie, la Forêt de Senart, le Songe, la
Lampe merveilleuse,* durent à ses ingénieux effets une partie
de leur succès.

« Les progrès que Daguerre fit faire à la décoration furent
immenses : il perfectionna les moyens de remplacer, par des
parties pleines et continues, les feuillets ou chassis séparés,
placés verticalement et formant des coulisses ; nul autant que
lui n'avait étudié la lumière, et nul n'en avait su mieux profiter,
ni la distribuer avec autant de science et de goût.

» Il seconda ensuite Pierre Prévost dans l'exécution des
beaux panoramas de Rome, Naples, Londres, Jérusalem et
Athènes, dus à cet artiste.

» Ce fut vers cette époque que Daguerre conçut l'idée
d'un établissement panoramique où l'éclairage interviendrait
pour ajouter la mobilité des effets au charme de la couleur.

» D'après les plans de Daguerre, un édifice spécial fut bâti

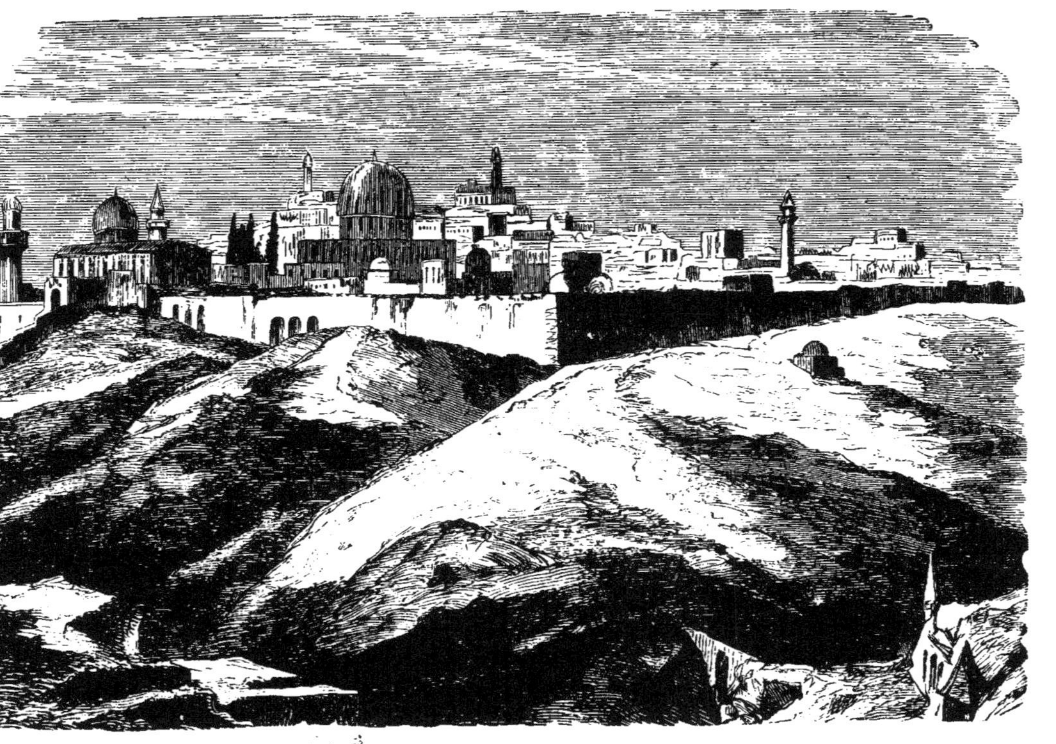

Vue de Jérusalem.

par l'architecte Châtelain sur l'emplacement des jardins de l'hôtel Samson ; cet établissement reçut le nom de Diorama.

» La salle était circulaire et pouvait contenir trois cent cinquante personnes. Son plancher mobile tournait sur un pivot à chaque changement de vue, au moyen d'un manège établi dans les fonds.

» Un seul homme mettait en mouvement ce mécanisme, et les spectateurs étaient transportés, sans commotion sensible, devant une large ouverture d'avant-scène, au bout de laquelle on apercevait le tableau à une distance de douze à dix-huit mètres.

» Ce diorama fut ouvert le 11 juillet 1822, et eut une grande vogue de 1822 à 1839.

» Maître de son art, Daguerre produisait par sa perspective la plus complète illusion.

» Le passage des ténèbres au jour et les variations atmosphériques étaient rendus scrupuleusement.

» Tantôt le spectateur se croyait transporté sous d'immenses basiliques, dont les voûtes, les piliers et les vitraux, diversement coloriés, représentaient l'espace avec une frappante vérité ; tantôt les rayons de la lune argentaient un sol aride, désolé, et des anfractuosités de murs détruits ; dans le sombre s'élevait un donjon inexpugnable, menaçant, puis quelques nuages voilaient l'éclat du ciel, et un cimetière succédait à la demeure féodale.

» On cite surtout, comme type du genre, *la Messe de minuit à Saint-Étienne-du-Mont.* »

Esprit ingénieux et inventif, machiniste et mécanicien habile, Daguerre ne se laissait pas absorber par ses décors de théâtre et ses soins à donner à son Diorama, au point de négliger tout lui-même.

Son talent de dessinateur et de peintre s'accusait chaque jour davantage. De simples tableaux de genre ne lui semblaient plus dignes de son pinceau, témoin la magnifique peinture qu'il fit vers cette époque pour l'église de Petit-Bry.

Quelques esquisses des grandes toiles du Diorama ont été conservées, « notamment celle des *Environs de Naples* et celle plus remarquable encore du *Commencement du déluge*.

» De tous les artistes qui ont abordé ce sujet, Le Poussin et Daguerre sont les seuls qui, au lieu de se borner à des scènes épisodiques, aient osé aborder l'ensemble de ce tableau de désolation et de désespoir suprêmes. »

Ajoutons que « Daguerre a eu le mérite de décliner ici une comparaison redoutable.

» Sa composition était absolument différente de celle de son immortel devancier.

» Il avait représenté une vallée longue et profonde, se prolongeant à perte de vue entre deux immenses chaînes de montagnes, et dont les eaux avaient déjà envahi la partie inférieure.

» Çà et là, à travers la brume, on distinguait, à la lueur des éclairs, des groupes humains, chassés par l'inondation de ce dernier asile, s'acharnant en vain à escalader des pentes inaccessibles. »

L'impression causée par la vue de ces efforts impuissants était telle, qu'on était porté à se demander si l'on avait devant soi un tableau peint ou un tableau réel.

Et cependant si, passant de cette vue d'ensemble à l'examen des groupes, on cherchait à se rendre compte des sentiments divers qui devaient s'y agiter, l'émotion redoublait.

Toutes les passions, tous les sentiments humains y étaient rendus avec une vérité et une force qui arrachaient, ici des larmes, et là, faisaient frémir !

Ce seul tableau eût suffi à fonder la fortune et la renommée d'un établissement tel que le Diorama.

Hélas ! il devait bientôt disparaître avec les autres dans la ruine de cet établissement.

Un de ces accidents imprévus, terribles, dont jusqu'à présent on n'a pas su, sinon prévenir, du moins prévoir la

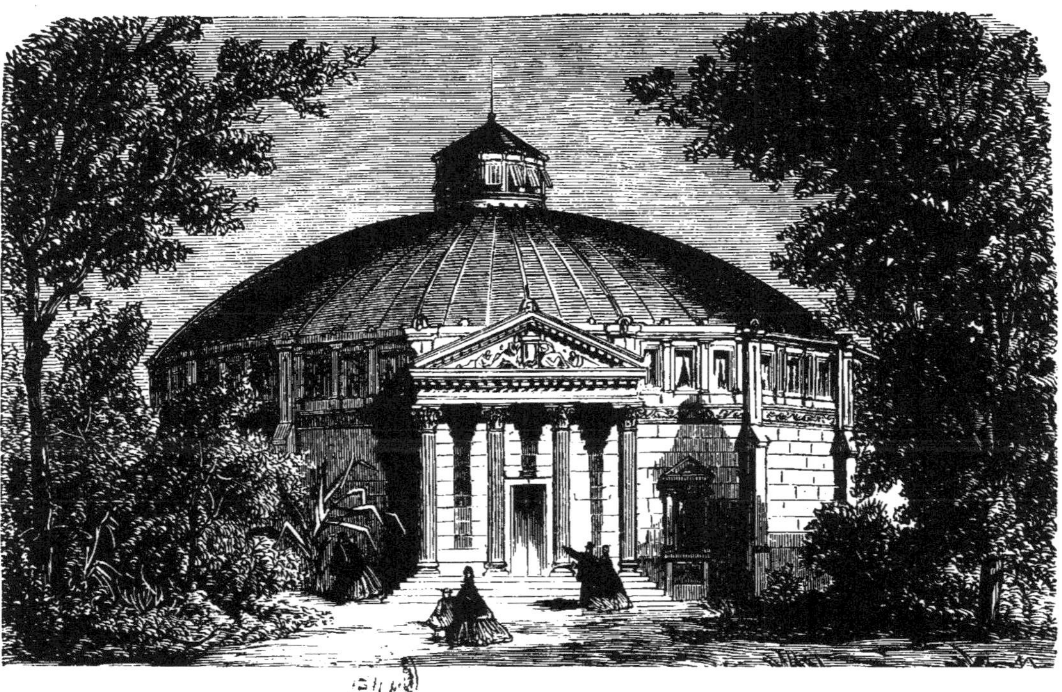

Diorama.

venue fatale et presque périodique (1). Un jour de l'année
1838 — nous n'en avons pas la date précise sous les yeux,
— le Diorama et toutes ses richesses artistiques, « par la
maladresse d'un machiniste qui mit l'appareil d'éclairage en
contact avec une de ces vastes toiles vernies enduites d'une
couche épaisse de vernis très inflammable, le feu éclata avec
une violence irrésistible. Au bout de quelques heures, le
Diorama n'était plus qu'un monceau de ruines fumantes.... »

Il y avait certes là de quoi ébranler la nature la plus fortement trempée, d'autant que Daguerre, après avoir été au début
associé pour l'exploitation du Diorama avec Sebron, son élève
et son collaborateur, était resté seul, depuis 1832, à la tête de
cet établissement. De plus, confiant dans l'avenir de son œuvre
dont les recettes, bien que diminuées depuis la fin de la Res-
tauration, étaient toujours très rémunératrices, il avait désin-
téressé peu à peu ses commanditaires, ce qui l'en faisait prin-
cipal, presque unique propriétaire.

Enfin il devait craindre que ce revirement soudain de fortune ne l'arrêtât dans l'invention dont il poursuivait le succès
depuis longtemps déjà, et qui, dans sa pensée, pût tout d'abord
lui paraître inutile, car, jusqu'à ce moment, il en avait borné
l'application justement aux améliorations à introduire dans le
Diorama.

Nous avons nommé le daguerréotype, c'est-à-dire le titre
réel de Daguerre à une immortelle célébrité.

Par malheur, l'incendie n'avait pas épargné le laboratoire,
« théâtre des expériences de notre inventeur, de sa lutte
opiniâtre et victorieuse contre la lumière. Du temps où les
métaphores poétiques étaient à la mode, on eût dit que Vul-
cain avait voulu venger les injures de Phœbus. »

(1) On se souvient de cette déclaration faite à la tribune par un de nos
savants des plus éminents, alors ministre de l'Instruction publique, lors
de l'incendie de l'Opéra comique : « Les théâtres semblent fatalement con-
damnés à périr par le feu dans une période maximum de cinquante ans. »

III

Tout était à refaire, position, fortune, carrière artistique même, car il n'y avait pas à penser à relever le Diorama de ses ruines.

Le récit de cette partie plus brillante et plus populaire, bien que moins importante et utile de la vie qui nous occupe, nous a fait négliger l'ordre chronologique des faits.

Nous avons donc à remonter très loin en arrière non seulement pour retrouver l'éclosion de cette idée fixe : la main de l'homme doit trouver le moyen de rendre durables les images que la lumière est capable de produire, mais sans les pouvoir fixer.

Nous avons dit comment, au cours de deux siècles environ, cette révélation du *pinceau de la nature* avait été faite et propagée par plusieurs savants, dont quelques-uns justement célèbres !

Dans une biographie qui eût dû, si l'on ne tenait compte que de l'ordre des dates de naissance, précéder celle-ci, nous ferons la part des recherches, des résultats obtenus par un physicien-chimiste, déjà mort à l'époque de l'incendie du Diorama, et après avoir été le collaborateur et l'associé de Daguerre.

Niepce de Saint-Victor (Nicéphore), qu'il ne faut point confondre avec son fils, — par un de ces singuliers rapprochements d'idées qui, à toutes les époques de grandes entreprises ou de grandes découvertes, tourne vers le même but, un but presque toujours chimérique et irréalisable en apparence, les préoccupations et les recherches d'hommes qu'aucun lien n'unit, qui ne se connaissent point et semblent destinés à ne jamais se connaître, — s'absorbait, à Châlon, dans les mêmes recherches que Daguerre poursuivait si fébrilement à Paris.

En 1826, Niepce de Saint-Victor, ayant appris qu'il avait un émule à Paris, se rapprocha de celui-ci.

Après d'assez longues hésitations, Niepce parvint enfin à vaincre cette espèce de défiance sans cause, qu'une vie solitaire consacrée à l'étude fait généralement naître dans les esprits sérieux.

Il mit le fruit de ses travaux en commun avec ceux de Daguerre et s'associa à lui, tant sous le rapport des recherches à continuer que sous celui des résultats à espérer.

La mort de Niepce, arrivée en 1833, mit fin à cette double association.

Les expériences faites en commun ou séparément par les deux collaborateurs, n'avaient rien amené de décisif. A ce point que les savants qui en avaient suivi le cours de plus près ; ceux qui, de leur côté, avaient cherché la solution du problème, hésitaient à admettre que « le dessin par le soleil » pût jamais entrer dans une pratique sérieuse.

« C'est une curiosité de laboratoire, et ce ne sera jamais autre chose ! » disaient les sceptiques.

« C'est peut-être un jalon placé sur les pas des savants pour les amener à d'autres découvertes, » rectifiaient les opti- mistes.

M. le baron Ernouf, dans son très intéressant volume sur les inventeurs du gaz et de la photographie (1), raconte à ce sujet une anecdote aussi intéressante que typique ; nous nous permettons de les reproduire toutes les deux :

« Daguerre parlait avec tant de conviction de ses projets sur le soleil qu'il parviendrait, assurait-il, *à peindre pour lui ;* il consacrait tant de temps à la poursuite de ce qui semblait alors une utopie comparable à la pierre philosophale, que plusieurs de ses amis craignirent un moment pour sa raison.

(1) Paris, librairie Hachette.

» L'un d'eux crut même devoir faire à cette occasion une démarche auprès de M. Dumas, dont le nom faisait déjà autorité en chimie, bien qu'il n'eût alors que vingt-quatre ans.

» Cet incident curieux de l'histoire de la photographie resta longtemps inconnu.

» Voici dans quels termes l'a révélé lui-même l'illustre et regretté secrétaire perpétuel de l'Académie des sciences (1) dans un discours prononcé, en 1864, à une séance publique de la Société pour l'encouragement de l'industrie nationale (2) :

« Il y a quarante ans, dit-il, je fus consulté par un ami de
» la famille de Daguerre qui s'était ému des allures étranges
» de cet homme célèbre. Sa raison n'était-elle pas menacée ?

» Que penser, me demandait-il, d'un artiste habile, aban-
» donnant ses pinceaux et poursuivant cette idée bizarre de
» saisir les fuyantes images de la chambre obscure et de fixer
» sur le papier, sous une forme matérielle et durable, ce
» spectre insaisissable, ce rêve ?

» Je me suis souvent reporté aux heures de méditation que
» je consacrai alors à préparer une réponse qui rendît peut-
» être à Daguerre un repos troublé par des empressements
» inquiets. S'il s'était détourné de sa voie, cependant, la
» photographie n'existerait pas. Qui oserait en douter ?

» Savez-vous combien de temps s'écoula pour lui en études,
» en essais ruineux, en tentatives trompées ? Quinze ans.

» Oui, quinze ans séparent ce moment où l'on croyait Da-
» guerre menacé dans sa raison et celui où l'Europe apprenait
» son triomphe.

(1) On sait que M. Dumas est mort en 1886, laissant une renommée universelle et surtout une œuvre scientifique peut-être sans rivale, par la lumineuse exactitude des observations, le nombre et l'importance des découvertes, et enfin la vulgarisation et la mise en pratique de ces découvertes. Lettré fin et érudit, M. Dumas était depuis longtemps membre de l'Académie française.

(2) Société dont nous avons souvent parlé. Le grand Chaptal en fut le promoteur et l'un des plus influents fondateurs. Son siège est aujourd'hui rue de Rennes, en face l'église Saint-Germain-des-Prés.

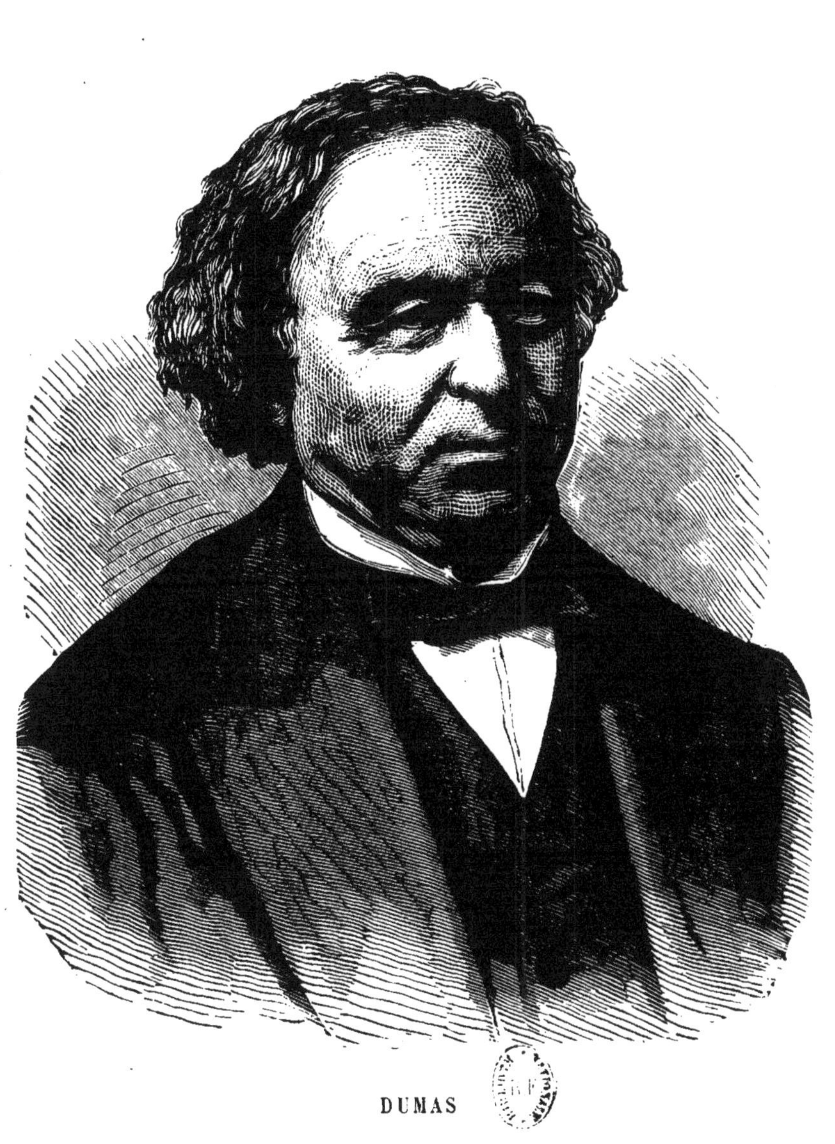

DUMAS

» Lorsqu'il vint, au bout de ces quinze ans d'épreuves, me
» montrer ses planches admirables, il n'en sut rien ; mais ma
» première pensée, je l'avoue, fut un sentiment de recon-
» naissance envers Dieu qui avait permis que je fusse appelé
» à défendre un si heureux génie, et qui m'avait inspiré,
» malgré ma jeunesse, la pensée de le protéger contre le zèle
» de ses amis (1). »

Passons à la seconde anecdote et cédons encore une fois la
plume au baron Ernouf.

» A la même époque, c'est-à-dire vers 1824, Daguerre
allait souvent causer « chambre noire, » avec le fameux opticien du Pont-Neuf, « l'ingénieur Chevalier (2), » qui avait
introduit dans cet appareil des améliorations, en partie suggé-
rées par Daguerre lui-même.

« Il ne se passait guère de semaine, dit Chevalier dans ses
» *Souvenirs*, publiés trente ans après, sans qu'il vînt à notre
» atelier. Le sujet de la conversation ne variait guère, et si
» parfois on se laissait aller à quelque digression, c'était pour
» revenir avec une ardeur nouvelle à la disposition de la

---

(1) Après avoir mûrement étudié la question, M. Dumas avait répondu
que la solution du problème poursuivie par Daguerre offrait d'immenses
difficultés, mais ne lui paraissait avoir rien de chimérique.

Cette réponse n'est sûrement pas l'un des moindres services rendus à la
science et à l'art par l'illustre chimiste.

(2) Chevalier, famille d'opticiens, établis depuis la fin du xviii⁰ siècle
sur le quai de l'Horloge à Paris, et dont le membre le plus célèbre est
Jean-Gabriel-Augustin, nommé plus communément *l'ingénieur Chevalier*,
né à Nantes en 1778, mort en 1840. On lui doit de nombreux perfectionnements et inventions dans la fabrication des instruments d'optique.

Il a publié, en outre, divers mémoires sur les *Cadrans solaires, la
Chambre obscure, etc.*, et un *Essai sur l'art de l'ingénieur en instruments
de physique en verre*.

Le représentant actuel de cette famille est M. Louis-Marie-Arthur
Chevalier, né à Paris en 1830, fils de Charles-Louis, mort en 1859. Il a
perfectionné divers instruments, le visiomètre universel, l'ophthalmos-
cope, l'axomètre, le pupillomètre, etc., et publié entre autres ouvrages :
*Hygiène de la vue ; Méthode des portraits grandeur naturelle et des agran-
dissements photographiques* (1862) ; *l'Étudiant micrographe* (1864) ; *Traité
pratique des microscopes et des préparations*, avec quatre cents figures.

» chambre noire, à la forme des verres, à la pureté des
» images. »

» Praticien habile mais positif, Chevalier écoutait complai-
samment les utopies de l'auteur du Diorama, sans y ajouter
foi. Il connaissait pourtant, par ouï dire, les expériences héliographiques de Niepce, auquel il avait fourni des objectifs, mais
il ne le prenait pas davantage au sérieux.... Il était donc bien
loin de prévoir que lui-même allait bientôt concourir à la
solution de ce problème, en mettant en rapport Niepce et
Daguerre.

» Toutefois, son incrédulité fut ébranlée, vers la fin de 1825,
par un incident qu'il a longuement raconté dans ses *Souvenirs*.

» Il reçut un jour la visite d'un jeune homme souffreteux
et d'un extérieur misérable, qui venait marchander une
chambre noire perfectionnée et qui parut effrayé du prix.
Cet inconnu disait avoir réussi à fixer sur le papier des
images produites par un appareil grossier, qu'il avait fabriqué
lui-même.

» Il fit voir, en effet, à l'opticien un papier sur lequel était
empreinte *en noir* une vue prise de sa mansarde, un ensemble
de toits, de cheminées où l'on distinguait notamment le dôme
du Panthéon.

» Il n'y avait pas à s'y méprendre, ce n'était ni une peinture, ni un dessin, mais une silhouette bien différente de celle
de Charles, puisqu'elle était *positive*, se découpant en noir
sur un fond blanc. Elle était bien supérieure aussi, puisque la
substance quelconque employée n'avait pas seulement *reçu*
mais *retenu* l'impression de la lumière.

» L'inconnu remit à Chevalier un flacon de cette substance,
lui indiqua les moyens d'en faire usage, et partit brusquement
sans donner son nom ni son adresse, mais en promettant de
revenir.

» Chevalier fit usage du liquide; mais, soit qu'il fût éventé,
soit que lui-même s'y prit mal, il n'obtint aucun résultat.

» L'inconnu ne reparut jamais. Peut-être avait-il définitive-

ment abandonné des recherches trop coûteuses, peut-être
était-il mort à la peine.

» Parmi ces pionniers ignorés de la science, combien en
est-il auxquels il n'a manqué qu'un jour de courage, comme
à ces soldats de 1812, qui, après avoir surmonté presque tous
les périls, toutes les fatigues de la retraite terrible, tombaient
pour ne plus se relever, pendant la dernière étape, en vue du
Niémen sauveur ! »

Cette aventure fit sur l'esprit de Chevalier une impression

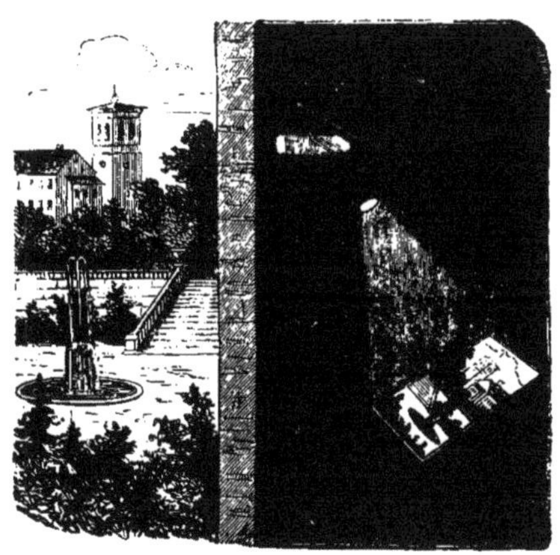

Chambre noire.

profonde. Il en avait vu le héros, il en avait vu et palpé la
preuve indéniable. Pouvait-il contester la matérialité de la
visite et du fait ?

Il y avait certes là quelque chose qui valait la peine de
s'en occuper. Rapprochant alors la personnalité de l'inconnu
qui se dérobait de celles de Daguerre et de Niepce, il pensa que
mettre ces deux dernières en rapport pourrait ne pas amener
un succès définitif, mais aurait du moins l'avantage de faire
faire un pas à la question.

Quelques jours plus tard, profitant de la visite hebdomadaire de Daguerre, il lui parla du physicien-chimiste de Châlon, de ses travaux, des résultats qu'il prétendait avoir obtenus, et, brusquement, sans autre préambule, il lui proposa de le mettre en relation avec lui.

Daguerre accepta avec empressement et enthousiasme.

Niepce, à qui Chevalier écrivit aussitôt, mit plus de réserve dans son acquiescement, et c'est peut-être dans cette occasion que se montra le contraste qui existait entre ces deux hommes, si bien faits cependant pour se comprendre et se compléter.

Nous expliquons ce contraste, c'est-à-dire cette méfiance systématique d'une part, cette confiance peut-être trop expansive d'autre part, en traçant le portrait moral de Niepce.

Il fallut près de deux années pour opérer un rapprochement; mais quand ces deux natures d'élite se furent enfin rencontrées, une union complète s'établit entre elles.

Les secrets, les procédés de l'un devinrent les secrets, les procédés de l'autre.

Nous avons dit comment la mort de Nicéphore Niepce rompit cette heureuse association.

Resté seul en présence de sa double entreprise, le Diorama et les recherches photographiques qui devaient doubler la valeur de celui-ci, Daguerre redoubla de travail et d'activité.

Il ne « vivait pas double, » comme on a dit avec raison de la plupart des savants de notre époque; il décuplait ses forces, et le temps, entre ses mains, semblait prendre, sinon une durée, du moins une valeur que nul autre n'avait le secret de lui demander ou de lui procurer.

Ce fut lorsqu'il était arrivé au paroxysme de cette activité fébrile que survint l'incendie de son Diorama.

Par bonheur, la solution du problème de la fixation des images solaires était devenue, pour Daguerre, un fait si certain, si prochain même, qu'en perdant son théâtre, et surtout

ses chers chefs-d'œuvre artistiques, il sentit à peine l'étendue
d'un désastre qui, naguère, l'eût comme anéanti.

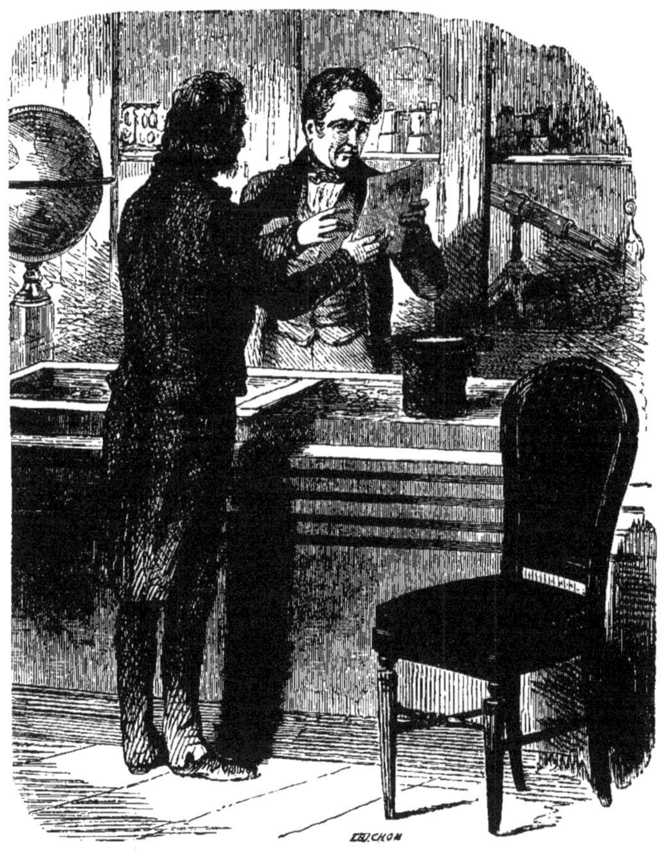

L'inconnu montrant une épreuve à Chevalier.

Et il ne fut pas déçu dans cette absolue confiance en soi-
même qui, aux approches du succès, s'impose aux hommes de
génie.

IV

Depuis la mort de Niepce, il avait apporté de si grandes améliorations à sa manière d'opérer, des modifications telles dans
les procédés connus jusqu'alors, qu'il pouvait déjà, à l'époque
dont nous parlons, revendiquer la gloire de la découverte,
gloire qui, en définitive, lui est restée presque entière.

« A la place du bitume de Judée, dissous dans l'huile de
lavande, qu'employait Niepce comme première préparation de
ses plaques métalliques, Daguerre se servit du résidu de la
distillation de l'huile de lavande, en le dissolvant dans l'alcool
ou dans l'éther, puis en le versant sur les plaques comme le
vernis, et non en l'étendant par le tamponnement comme
faisait Niepce.

» Daguerre exposait ensuite ses plaques au foyer de la
chambre noire, puis il les plaçait au-dessus d'un vase contenant
une huile essentielle à la température ordinaire. Alors la vapeur
laissait intactes les particules de l'enduit pulvérulent qui avait
reçu l'action d'une vive lumière ; cette vapeur pénétrait entièrement les parties restées dans l'ombre de la chambre obscure.
Il en résultait plus d'éclat, une plus grande variété de tons,
plus de régularité et une grande facilité dans la manipulation.
Cette méthode prit le nom de méthode Niepce perfectionnée. »

« Dans l'appareil, dit M. Arago, l'enduit de la lame
déplaquée qui reçoit les images est une couche jaune d'or
dont la lame se recouvre pendant un certain temps, et l'argent
en dessous, dans une boîte, au fond de laquelle il y a quelques
parcelles d'iode abandonnées à l'évaporation spontanée.

» Quand cette plaque sort de la chambre obscure, on n'y
voit absolument aucun trait ; la couche jaunâtre d'iodure

d'argent qui a reçu l'image paraît encore d'une nuance parfaitement uniforme dans toute son étendue.

» Toutefois, si la plaque est exposée, dans une seconde boîte, au courant ascendant de la vapeur mercurielle qui s'élève d'une capsule, où le liquide est monté, par l'action d'une lampe à esprit de vin, à 75° centigrades, cette vapeur produit aussitôt les plus curieux effets. Elle s'attache en abondance aux parties de la surface de la plaque, qu'une vive lumière a frappées ; elle laisse intactes les régions restées dans l'ombre ; enfin, elle se précipite sur les espaces qu'occupaient des demi-teintes en plus ou moins grande quantité, suivant que, par leur intensité, ces demi-teintes se rapprochent plus ou moins des parties claires et des parties noires. En s'aidant de la faible lumière d'une chandelle, l'opérateur peut suivre pas à pas la formation graduelle de l'image ; il peut voir la vapeur mercurielle, comme un pinceau de la plus extrême délicatesse, aller marquer d'un ton convenable chaque partie de la plaque.

» L'image de la chambre noire ainsi reproduite, il faut empêcher que la lumière du jour l'altère. Daguerre arriva à ce résultat en agitant la plaque dans de l'hyposulfite de soude et en la lavant ensuite avec de l'eau distillée chaude.

» Quand on cherche à expliquer le procédé de Daguerre, il se présente naturellement à l'esprit l'idée que la lumière dans la chambre obscure détermine la vaporisation de l'iode partout où elle frappe la couche dorée ; que là, le métal est mis à nu ; que la vapeur mercurielle agit librement sur ces parties dénudées pendant la seconde opération, et y produit un amalgame blanc et mat ; que le lavage avec l'hyposulfite a pour but chimiquement l'enlèvement des parties d'iode dont la lumière n'a pas produit le dégagement, la mise à nu des parties miroitantes, qui doivent faire les noirs. Mais dans cette théorie que seraient ces demi-teintes sans nombre si merveilleusement dégradées qu'offrent les dessins de Daguerre? On fera des milliers de beaux dessins avec le daguerréotype avant que son mode d'action ait été bien analysé.

Le daguerréotype devait donner naissance à un art analogue, bien que différent, qui l'a généralement remplacé, et n'est d'ailleurs, à vrai dire, que son perfectionnement.

Nous avons nommé la photographie, dont nous parlerons en détail tout à l'heure, c'est-à-dire en racontant la vie du savant anglais Talbot.

V

Revenons à la personnalité de Daguerre, dont les détails techniques touchant son invention, que nous avons cru devoir reproduire dans le précédent paragraphe, nous ont momentanément éloignes.

Et avant tout, réparons quelques omissions que nous avons laissé passer, afin de ne pas prolonger outre mesure un chapitre aride par lui-même.

Nous n'avons pas dit, par exemple, par quel hasard heureux notre inventeur avait été amené à substituer le nitrate d'argent au bitume de Judée.

Le fait vaut cependant la peine d'être mentionné, ne fût-ce que par suite de l'étrange ressemblance qu'il offre avec l'incident auquel Aloïs Senefelder dut la découverte de la lithographie (1).

(1) On sait que la lithographie est un art d'origine récente.

Dès 1728, le physicien français Dufay avait bien imaginé un procédé de gravure sur la pierre au moyen des acides, lequel peut être considéré comme le point de départ, le précurseur de la lithographie.

Toutefois, l'invention de la lithographie, telle qu'on la pratique de nos jours, ne se produisit que près de trois quarts de siècle plus tard, en 1795.

Ce ne fut ni un savant, ni un adepte des arts du dessin qui en eut l'honneur, mais un simple choriste du théâtre de Munich.

Voici comment un de ses biographes raconte ce curieux épisode.

« Un soir, dit-il, Aloïs rentra à son logis, tenant à la main une belle

Plus convaincu que jamais de l'absolue nécessité de remplacer par un agent plus actif le bitume de Judée, Daguerre

pierre à rasoir toute neuve, un bon pour aller, le lendemain, toucher les émoluments de sa place, et enfin une estampille chargée d'encre d'imprimerie.

» Ce dernier objet aux mains d'un choriste d'Opéra demande explication. Aloïs était chargé de faire aux contre-marques ce petit signe qui varie chaque fois et qui sert à empêcher toute fraude.

» La chambre du pauvre artiste était mal close. A peine avait-il posé sur sa cheminée le bon de ses appointements que le papier s'envola et tomba dans une cuvelle pleine d'eau.

» Le choriste ramassa le précieux papier, l'essuya, le replaça sur la cheminée, et, pour que le vent ne recommençât pas ses espiègleries, il plaça dessus la pierre à rasoir qu'il venait d'acheter.

» L'estampille chargée d'encre d'imprimerie avait touché la pierre à aiguiser, et il arriva que la tache noire faite sur la pierre par ce contact se trouva, le lendemain, reproduite avec une admirable précision sur le papier.

» Senefelder était doué d'un esprit observateur et sagace. Il comprit le parti qu'il pouvait tirer de cette découverte que le hasard lui avait ménagée, et il commença par l'utiliser à son profit personnel.

» Fils d'un comédien et né à Prague en 1771, Aloïs, après d'assez bonnes études, se destina au barreau. Mais la monotone régularité du cours de droit eut bientôt lassé sa patience, et le souvenir de la vie de bohême qu'il avait partagée avec son père pendant sa première enfance, l'emportant sur sa volonté de se créer une carrière sérieuse, il s'engagea dans une troupe d'artistes nomades dans laquelle, disons-le tout de suite, il obtint peu de succès.

» Il tourna alors son ambition vers la littérature dramatique.

» Il composa successivement deux pièces, toutes deux très froidement accueillies du public.

» Alors, en désespoir de cause, il se fit admettre à l'Opéra comme choriste, et consacra le reste de son temps à copier et graver de la musique.

» Ce fut à cette dernière occupation qu'il songea tout d'abord à appliquer sa découverte.

» Il substitua la pierre au cuivre, le crayon au burin, et n'eut pas de peine à se convaincre qu'un trait fait sur la pierre, avec un crayon ou une encre grasse, y adhère si fortement, que pour l'enlever il faut le grattoir.

» La lithographie était trouvée. Bientôt cet art nouveau se propagea en Allemagne, pénétra en Italie et en France vers 1802.

» Cependant, et par une de ces fatalités qui s'attachent à certaines inventions sans qu'on en puisse expliquer la cause, les artistes ignoraient encore les ressources que leur offrait la lithographie, lorsque M. de

devint tout à coup invisible. Renfermé dans le laboratoire du
Diorama, dont l'accès était interdit à ses plus intimes amis,
il vécut, à cette époque, pendant deux ans, en véritable alchimiste, au milieu des livres, des matras, des cornues, des
creusets. Absorbé dans ses recherches, il entendit à peine, à
deux pas de lui, sur le boulevard, la révolution de juillet qui
« passait au bruit du canon, emportant trois générations de
rois. » Il ne s'occupait même plus des nouveaux tableaux
du Diorama, confiés à son élève Sébron.... Il fallait souvent
l'arracher à son laboratoire aux heures des repas, parfois même
le faire manger comme un enfant.

« .... Une chance des plus heureuses, couronnant ses efforts,
mit enfin Daguerre sur la voie d'un progrès immense.

» Sachant que Niepce, pour donner plus de vigueur et de
relief aux images obtenues sur l'asphalte, avait essayé des
vapeurs d'iode, il avait renouvelé cette tentative. Ayant un
jour laissé par mégarde une cuillère d'argent sur une de ces
plaques iodurées, il ne fut pas peu surpris, en retirant la
cuillère, d'en retrouver l'image distinctement empreinte sur la
surface de cette plaque. »

Cet incident fit jaillir la lumière dans l'esprit du savant
artiste. Il s'empressa de substituer à l'asphalte l'iodure d'argent
qui noircit rapidement sous l'action des rayons lumineux.

Le succès ne lui sembla cependant pas tout d'abord aussi
décisif qu'il avait été porté à le croire ; la plaque iodurée ne

Lasteyrie, protecteur éclairé des arts, s'étant rendu compte des services
que la découverte de Senefelder pouvait rendre, entreprit de la vulgariser
en France.

» Dans ce but, il fit plusieurs voyages à Munich pour s'instruire sur
la pratique des procédés, et former à Paris un établissement d'où sortirent
nos premiers ouvriers lithographes.

» Après lui, M. Engelmann transporta à Paris les ateliers qu'il avait
fondés à Mulhouse, et fit définitivement prospérer le nouvel art. »

Quant à Aloïs Senefelder, il mourut pauvre et déjà oublié en 1834 ; ce
qui a fait dire, non sans quelque justesse, à un de ses biographes, que
« la fatalité fut plus cruelle encore pour l'inventeur que pour l'invention. »

lui montra qu'une image indistincte, indécise, n'y existant, en quelque sorte, qu'à l'état latent.

Daguerre, avec son optimisme heureux, se dit qu'il devait y avoir un moyen de dégager cette image de l'espèce de voile qui l'enveloppait, de manière à en préciser l'ensemble et les détails, tout en la fixant sur la plaque.

Ce moyen, il se mit à sa recherche avec l'ardeur qu'on lui connaît, et, après bien des essais, il finit par constater que l'huile de pétrole possède la propriété de faire ressortir l'image.

Mais ce moyen offre certains inconvénients avec lesquels il est bon de compter, entre autres le danger d'explosion et d'incendie que les huiles minérales, dont on ne connaissait pas encore les modes d'épuration aujourd'hui en usage, possédaient toutes, bien qu'à divers degrés.

Toutefois ce n'en était pas moins un pas immense fait en avant. Daguerre avait mis la main sur une *substance révélatrice*.... Il ne s'en tint pas là ; il chercha, il trouva d'autres substances d'un emploi plus avantageux et moins dangereux, et s'arrêta enfin, comme nous l'avons indiqué plus haut, à la vapeur du mercure qui fait apparaître l'image avec une promptitude et une netteté merveilleuses.

L'association dont nous parlerons ailleurs (1), en réunissant une seconde fois et les procédés des découvertes de Daguerre et ceux du physicien de Châlon, acheva de faire sortir de ses langes l'art nouveau et merveilleux dont tout le monde parlait déjà, et dont bientôt tout le monde devait connaître les produits.

Daguerre obtint de son vivant, ce qui est rare pour les inventeurs, une renommée européenne.

La calomnie, il est vrai, s'efforça de diminuer cette renommée : on nia la valeur artistique de la photographie au point de vue de sa pratique. On contesta à son inventeur le mérite de sa découverte ; on alla jusqu'à affirmer que, nouvel Americ

(1) Voir la biographie d'Isidore Niepce.

Vespuce, il avait trouvé moyen d'attacher son nom à l'œuvre des Niepce père et fils, dont on faisait les seuls et véritables *Christophe Colomb* de cette conquête du génie humain sur les secrets de la nature.

Il ne fallut rien moins que la déclaration formelle d'Isidore Niepce qui, dans le traité intervenu entre les deux associés, déclare que « Daguerre lui a fait connaître un procédé dont » *il est inventeur,* procédé ayant pour but de fixer l'image » produite dans la chambre obscure, non pas avec les couleurs, » mais avec une parfaite dégradation des teintes du blanc au » noir ; que ce nouveau procédé a l'avantage de reproduire » les objets avec soixante ou quatre-vingts fois plus de promp- » titude que celui précédemment adopté par Niepce père » et qui avait été l'objet du traité de 1829.... »

Cette reconnaissance péremptoire, indiscutable des droits de Daguerre au mérite de l'invention, le nom de *daguerréo-type* attribué d'un accord commun par les deux associés à l'appareil, ne pouvaient laisser de doute aux hommes compétents et de bonne foi.

A ces preuves vint s'en ajouter une autre que nous pourrions appeler officielle, le jour où, Daguerre et Niepce ayant généreusement mis leur procédé dans le domaine public, le gouvernement français crut devoir accorder une pension à chacun des deux inventeurs « pour les récompenser ou plutôt pour les dédommager de leurs travaux, et *constater ainsi aux yeux du monde entier le service rendu par eux à la science et à l'art.* »

Daguerre reçut un brevet de pension annuelle de six mille francs, et Isidore Niepce un brevet semblable, mais de quatre mille francs ; les deux pensions réversibles par moitié, en cas de mort des titulaires, sur leurs veuves.

Cette somme, qui parut raisonnable à la société d'alors, semblerait dérisoire à notre temps, et cela bien qu'un demi-siècle à peine sépare les deux époques.

VI

Ce fut un beau et un glorieux jour de la vie de Daguerre et
de celle de Niepce que celui où eut lieu le vote de la Chambre
qui fixait la pension dont nous venons de parler.

Le ministre, en montant à la tribune, déclara « qu'il croyait
» aller au-devant des vœux de la Chambre en proposant
» d'acquérir, au nom de l'État, la propriété d'une décou-
» verte non moins utile qu'inespérée, et qu'il importait, dans
» l'intérêt des sciences et des arts, de pouvoir livrer à la
» publicité.... La méthode de M. Daguerre lui est propre, elle
» n'appartient qu'à lui....

» On comprend quelles ressources, quelles facilités toutes
» nouvelles cette invention doit offrir pour l'étude des sciences.
» Quant aux arts, les services qu'elle peut leur rendre sont
» incalculables!... Pour le voyageur, pour l'archéologue, pour
» le naturaliste, cet appareil deviendra d'un usage continuel
» et indispensable. »

Cette récompense nationale, votée par acclamation dans les
deux Chambres, excita en France une émotion générale, émotion grossie par le prestige du désintéressement des inventeurs.

Le nom de Daguerre devint populaire avec une promptitude qui donna lieu à maints jeux de mots.

On compara notamment la rapidité avec laquelle elle se
propageait à celle des rayons solaires devenus des agents
obéissants à l'appel de l'homme.

Mais ce qui fit surtout sensation dans le monde civilisé, ce
fut « la description des procédés du daguerréotype commun

quée à l'Académie des sciences par son secrétaire perpétuel, en séance publique, le 10 août 1839.

» M. Arago s'y montra comme toujours vulgarisateur incomparable. Il fit à cet auditoire d'élite une de ces leçons auxquelles sa parole donnait un si grand attrait. Il rappela, avec son éloquence et sa lucidité habituelles, les difficultés que l'auteur du daguerréotype avait dû surmonter, expliqua ses procédés, fit valoir son appareil, pronostiqua les conséquences certaines, imminentes de cette utilisation de la lumière.

» Daguerre, présent à la séance, fut acclamé avec un juste enthousiasme. »

Et cette ovation s'ajouta à celles obtenues devant les Chambres, pour former une sorte de couronne triomphale au grand inventeur.

Ce fut, du reste, une de ses dernières joies.

Absolument ruiné par l'incendie du Diorama, ne possédant pour uniques ressources que la pension qui venait de lui être allouée et la petite propriété qu'il avait toujours conservée à Petit-Bry, il alla se réfugier, loin du monde, dans cette retraite où l'affection de sa femme et de sa fille adoptive, le dévouement intelligent et tendre dont elles l'entouraient s'efforcèrent d'empêcher les rumeurs, les calomnies sans cesse renaissantes, sinon d'arriver jusqu'à lui, du moins de le frapper trop cruellement.

Qu'il payait cher sa gloire, le malheureux grand inventeur !

C'est qu'après le refroidissement de l'enthousiasme populaire, avaient reparu les craintes, les jalousies dont nous avons parlé. Les ennemis de Daguerre avaient réédité les calomnies lancées au début.

Quelques-uns d'entre eux avaient fait plus : ils étaient parvenus à circonvenir l'honnête droiture de Niepce, dont ils avaient habilement exploité une sorte de susceptibilité native qu'Isidore tenait de son père.

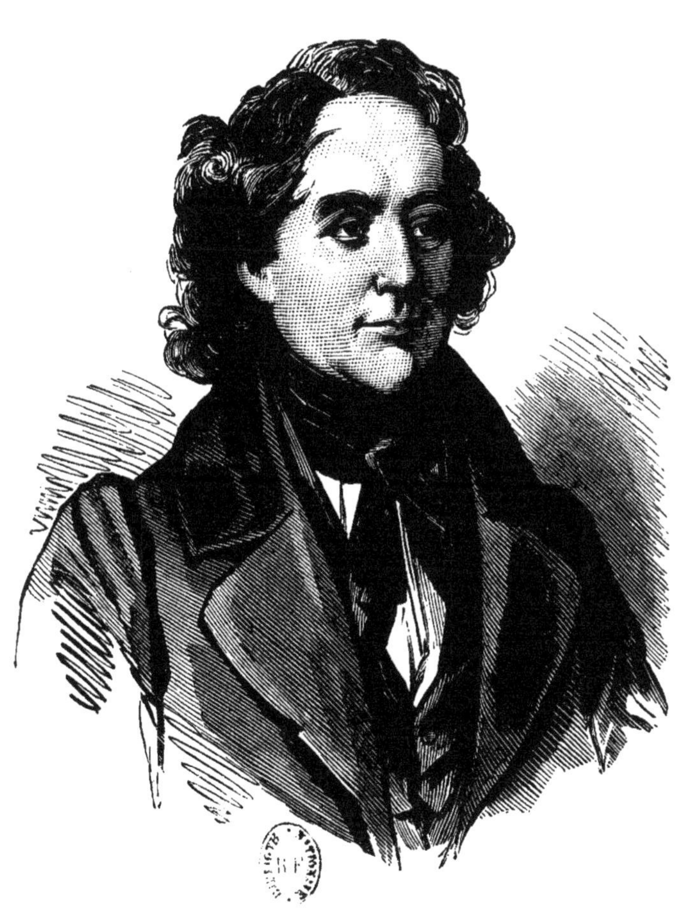

ARAGO

D'après eux, Daguerre s'était arrangé de façon à concentrer sur lui tout le mérite de l'invention, et il y était parvenu par la plus abominable des fraudes : en mettant sous le boisseau, sans motifs sérieux, certaines expériences, certaines découvertes même, qui, dans l'œuvre de Nicéphore, avaient une importance capitale, une importance telle qu'elles eussent suffi, par la force des choses et avec les propres ressources réunies par le physicien de Châlon, à atteindre le résultat cherché.

Niepce prit parti d'abord pour son associé et défendit sa bonne foi ; mais le coup était porté, et petit à petit, entre ces deux natures droites et loyales, mais d'humeur différente, s'établit une méfiance que ceux qui l'avaient fait naître eurent grand soin de ne pas laisser s'atténuer.

Daguerre souffrit cruellement de ce déni de justice de la part de l'homme dont il s'était imaginé se faire un ami en le prenant pour collaborateur ; et son caractère impétueux et ardent s'exalta au point de nuire à sa santé.

Bientôt, et au moment où son œuvre cessait à peu près de lui être contestée, une angoisse plus poignante encore l'envahit : la photographie, c'est-à-dire l'image reproduite sur papier, prit naissance, et l'inventeur, que son génie même rendait apte à apprécier la supériorité que devait acquérir à bref délai le nouveau procédé, eut un de ces cris qui résument tout un drame humain.

— *Ceci tuera cela !* dit-il en s'appropriant un mot célèbre.

Et, en effet, les épreuves sur plaques de métal, avec leur miroitement et la nécessité de leur chercher un jour favorable pour mettre en relief l'image dont elles avaient reçu l'empreinte, firent place, à bref délai, à ces magnifiques épreuves sur papier, rivales des dessins et des gravures, du fini le plus admirable.

Daguerre ne vit heureusement pas cette substitution, du moins dans ce qu'elle a eu depuis d'absolu. Ce fut assez pour lui de la prévoir, et la tranquillité de ses dernières années en fut troublée.

Pendant que cette transformation s'accomplissait lentement encore mais sûrement dans son œuvre, Daguerre partageait sa vie, à Petit-Bry, entre des périodes d'activité qui rappelaient sa bouillante jeunesse, et des périodes, plus courtes et moins nombreuses, de découragement.

Tour à tour horticulteur et peintre, tantôt il maniait la bêche et le râteau avec la même habileté, avec la même énergie qu'il maniait naguère les alambics et les cornues de son laboratoire; tantôt, reprenant le pinceau, il semblait comme peintre vouloir se surpasser lui-même, ainsi qu'en témoigne le tableau fait par lui à cette époque pour l'église de Petit-Bry.

Mais quelles qu'aient été les épreuves traversées par le grand inventeur, quelles qu'aient été les mesquines injustices — pour ne pas employer un terme plus vif — qui ne lui furent pas épargnées, il posséda au déclin de sa vie, et ceux qu'il aimait recueillirent après sa mort, deux de ces grandes consolations, de ces grandes joies qui compensent et au delà tout ce qu'un homme de cœur et de génie peut souffrir ici-bas.

Il acheva sa carrière, la main dans la main et cœur contre cœur, entre deux femmes d'élite, dont l'une avait été la compagne fidèle de sa vie, dont l'autre, sa nièce, était devenue depuis de longues années leur fille adoptive à tous deux.

Et, après sa mort, quand le silence se fut fait autour de sa tombe presque ignorée, non seulement les attaques dont il avait été l'objet tombèrent d'elles-mêmes, mais avec l'acquiescement nettement formulé ou simplement tacite de tous les hommes — et ils sont nombreux — qu'intéresse la photographie, son nom demeura inséparablement attaché à sa découverte.

Partout on dit encore « un daguerréotype » en parlant de

l'appareil de photographie; partout on dit « l'œuvre de Daguerre ». pour désigner tout ce qui se rapporte aux productions de *ce pinceau de la nature,* auquel il sut donner le premier le mouvement et la vie.

Daguerre mourut subitement, le 10 août 1851, de la rupture d'un anévrisme.

LES NIEPCE

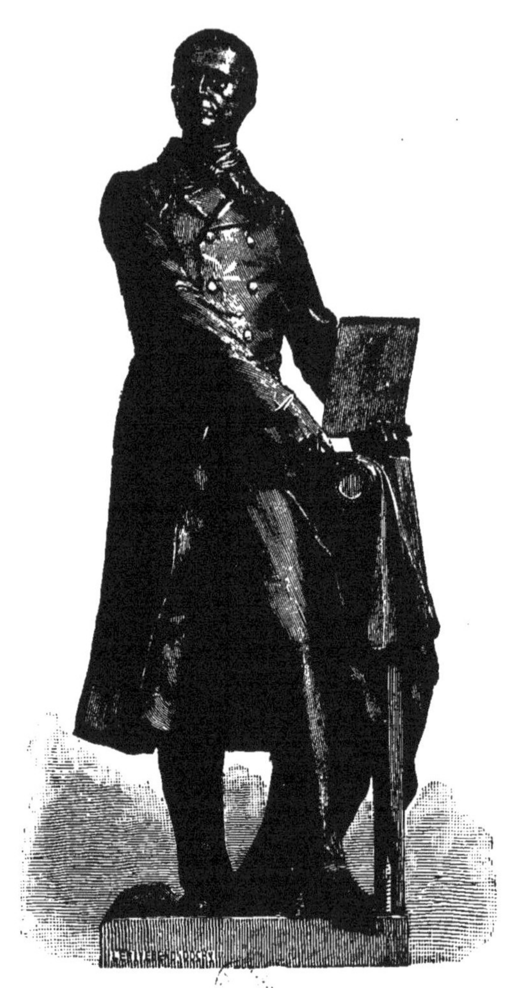

Statue de Nicéphore Niepce à Châlon-sur-Saône.

JOSEPH-NICÉPHORE NIEPCE

1765 — 1833.

I

EMONTONS, en partant de la naissance de Daguerre, de douze ans en arrière, pour assister, à Châlon-sur-Saône, à celle du physicien et chimiste habile, qui fut le précurseur et ensuite le collaborateur de l'inventeur de la fixation des images héliographiques, invention à laquelle il eut une grande part « comme préparation, » mais aucune part « comme mise en pratique. »

NICÉPHORE NIEPCE eut le tort, qui était du reste celui des hommes de son époque, et peut-être de l'époque elle-même, de se créer un champ de recherches et d'action beaucoup trop vaste.

Au lieu de poursuivre comme Daguerre un but marqué d'avance, un but positif, il s'occupa tour à tour d'une foule de recherches scientifiques, tantôt dans le domaine de la physique, tantôt dans celui de la chimie, voire même en mécanique.

Accoutumé à une existence retirée, presque austère, ayant conservé, malgré les entraînements de la vie des camps, des goûts très simples, Niepce, disons-le tout de suite, cultivait les sciences plutôt en amateur qu'en praticien.

Ceci explique le manque apparent de suite dans les idées, qu'on lui a reproché.

Appartenant à une famille distinguée dans la magistrature de sa province, Nicéphore était fils de Claude Niepce, conseiller du roi et receveur des consignations au bailliage et chancellerie de Châlon.

« Sa jeunesse se passa paisiblement auprès de ses parents.

» Doux, spirituel, un peu caustique, poète à ses heures, et par conséquent insoucieux, il vivait sans se demander où il allait. Lorsque éclata la révolution, il se fit soldat; entré, le 19 mai 1792, comme sous-lieutenant dans le 42e régiment d'infanterie, il devint lieutenant le 6 mai 1793, fit campagne aux îles de Sardaigne, et prit part à deux batailles en Italie.

» Le 8 mars 1794, il était donné pour adjoint à l'adjudant-général Frottier; mais une maladie épidémique, jointe à la faiblesse de sa vue, lui fit quitter la carrière des armes. »

Il tourna alors ses vues vers la carrière administrative, et, le 20 novembre 1795, il fut nommé administrateur du district de Nice, qui appartenait à la France. Il garda ce poste jusqu'en 1801. A cette date, il revint avec son fils et sa femme au foyer paternel, où, reprenant les études, qui, avant son entrée au service, avaient constitué ses plus chères distractions, il s'occupa de mécanique.

En 1806, il prit un brevet d'invention pour une machine, le pyriolaphore, qui lui valut les compliments de Carnot, puis il construisit une pompe hydrostatique. Quittant la mécanique pour la chimie, il s'appliqua en même temps au pastel.

Du pastel il passa à la gravure, et, trouvant les procédés en usage trop minutieux, trop longs, il résolut de chercher un moyen mécanique ou automatique d'opérer.

Alors, et à force de recherches, il parvint à obtenir sur de l'étain bien poli ou sur verre, des copies fidèles de gravure, à l'aide d'un vernis bitumineux de sa composition.

Ceci le conduisit à s'occuper d'héliographie, et, en 1824, il réussit à fixer sur des écrans préparés *ad hoc*, les images de la chambre noire. Si les résultats étaient imparfaits, on pouvait déclarer le problème comme résolu ; en 1827, il se rendit en Angleterre pour voir son frère aîné.

En quittant l'Angleterre, il ne rentra pas directement en France. Il se rendit en Belgique, où il pensait ne faire qu'un assez court séjour; mais, séduit par ce qu'il entendit raconter des progrès que faisaient les sciences dans le nord, et ayant conservé assez de sa nature poétique, pour se complaire dans l'admiration des beautés grandioses et sauvages des contrées, dont les côtes heurtées, hachées, sauvages de la Cornouaille lui avaient donné une idée, il s'engagea dans un voyage de longue haleine.

Nous ne le suivrons pas dans ces pérégrinations qui n'ont aucun rapport direct avec le point de vue auquel nous sommes placés pour étudier sa vie.

Nous dirons seulement qu'ayant fait, à Kiew, la connaissance de Francis Bauer, il apprit à ce savant qu'il avait découvert le moyen de reproduire et de fixer d'une manière permanente l'image de tout objet, obtenue par l'action spontanée de la lumière, et lui montra des spécimens d'images fixées sur étain poli et d'épreuves sur papier, obtenues d'après ces planches.

Ce fut la première révélation de l'art photographique, faite par un homme sérieux à un membre estimé des corps savants d'Europe.

Sir Francis Bauer lui conseilla d'adresser son mémoire et des épreuves à la Société royale de Londres, se faisant fort d'appuyer le premier, et de faire ressortir la valeur des autres.

Niepce suivit ce conseil; il adressa, le 8 novembre 1827, à la Société royale de Londres, un mémoire sur sa découverte, en même temps que des épreuves, mais ne voulut pas donner son secret; on lui rendit tout, et la communication n'eut pas de suite.

Au commencement de cette année, Niepce, songeant à faire aux arts l'application de sa découverte, entra en correspondance avec un graveur habile, M. Lemaître. Un certain nombre de lettres furent échangées. Ces rapports durèrent jusqu'à la fin de 1829 ; dans ces lettres, on voit l'inventeur quitter l'étain pour le cuivre, revenir à l'étain, dont la blancheur lui semblait plus convenable, et enfin employer le plaqué argent dont on se sert encore aujourd'hui.

C'est pendant cette période de tâtonnements qu'on doit placer l'origine des relations de Niepce avec Daguerre et l'ingénieur Chevalier, ou plutôt avec le premier par l'intermédiaire du second.

« Un M. Daguerre, écrivait, en 1827, Niepce à M. Lemaître, ayant été informé, je ne sais comment, de l'objet de mes recherches, m'écrivait, l'an passé dans le courant de janvier, qu'il s'occupait du même objet que moi, et me demandait si j'avais été plus heureux que lui dans mes résultats.

» Cependant, à l'en croire, il en avait obtenu d'étonnants, ce qui ne l'empêchait pas de me prier de lui dire, tout d'abord, si je croyais possible la solution du problème. »

Une année plus tard, en 1828, Niepce recevait une lettre de Daguerre, lui demandant où il en était et sollicitant l'envoi d'une épreuve. Niepce fit un voyage à Paris, et eut une entrevue avec Daguerre, qui ne lui montra, paraît-il, aucun de ses essais, ce qui n'empêcha pas Niepce de lui communiquer quelques-uns des siens.

Quelque temps après, voyant ses progrès cónstamment entravés par le mauvais état de la chambre noire qu'il employait, il proposa à Daguerre d'associer leurs travaux.

Un traité fut passé, à cet effet, entre eux, le 14 décembre 1829.

Nous parlons, plus loin, de ce traité, qui a été si malencontreusement discuté et commenté, au détriment des deux contractants, francs, honnêtes tous deux, mais dont, selon les besoins de leur cause, les amis et les détracteurs des deux savants se sont fait une arme terrible, tantôt contre l'un, tantôt contre l'autre.

II

La situation réelle entre les deux associés ne saurait, croyons-nous, être plus nettement, plus honorablement définie que par la lettre de Niepce, dont nous allons reproduire les principaux passages.

Cette lettre, adressée de Paris par Nicéphore à son fils, le 24 septembre 1827, contient des détails caractéristiques sur les premiers rapports immédiats des deux inventeurs de la photographie.

Après avoir exprimé naïvement son admiration pour les merveilles du Diorama, dont Daguerre s'était empressé de lui faire les honneurs, Niepce continue :

« Daguerre persiste à croire que je suis plus avancé que
» lui dans les recherches qui nous occupent. Ce qui est bien
» démontré maintenant, c'est que son procédé est tout à fait
» différent du mien. Le sien a..., dans les effets, une prompti-
» tude qu'on peut comparer à celle du fluide électrique.

» .... M. Daguerre est parvenu à réunir sur sa substance
» chimique quelques-uns des rayons colorés du prisme. Il en
» a déjà rassemblé quatre, et il travaille à réunir les trois
» autres, afin d'avoir les sept couleurs primitives. Mais les
» difficultés qu'il rencontre croissent dans le rapport des
» modifications, que cette même substance doit subir pour
» pouvoir retenir plusieurs couleurs à la fois.

» .... C'est une poudre très fine, qui n'adhère point au corps
» sur lequel on la projette, ce qui nécessite un plan horizontal.
» Cette poudre, au moindre contact de la lumière, devient si
» lumineuse que la chambre noire en devient parfaitement
» éclairée.

» Ce procédé a la plus grande analogie avec le sulfate de
» baryte, qui jouit également de la propriété de retenir certains
» rayons du prisme.

» M. Daguerre ne prétend pas fixer par ce procédé l'image
» colorée des objets, quand bien même il parviendrait à
» surmonter tous les obstacles qu'il rencontre.... D'après ce
» qu'il m'a dit, il aurait peu d'espoir de réussir, et ses
» recherches ne seraient guère qu'un objet de pure curiosité.
» Mon procédé lui paraît donc préférable et beaucoup plus
» satisfaisant, en raison des résultats que j'ai obtenus.

» M. Daguerre insiste vivement sur la nécessité d'accélérer
» la fixation des images, condition bien essentielle, en effet,
» et qui va être l'objet de mes recherches.... »

Cette première rencontre, on le sait, avait lieu à Paris
entre les deux futurs associés, à l'occasion du voyage de
Niepce à Londres, où il allait voir son frère Claude alors
malade.

Claude s'occupait aussi de science, et les travaux de Nicéphore n'étaient pas inconnus des savants anglais.

Ceux-ci, désireux de doter leur pays d'une découverte, dont
l'honneur et les avantages échapperaient ainsi à la France,
engagèrent Niepce à communiquer ses travaux à la Société
royale de Londres.

Nous avons dit comment Niepce s'y refusa. « Il aurait fallu
en même temps, suivant l'usage invariable de la Société, lui
faire connaître, sous le sceau du secret, la substance qu'il
employait. »

En repassant par Paris à son retour de Londres, Niepce eut
encore plusieurs entrevues avec Daguerre. De retour à Châlon,
il engagea avec lui une correspondance active.

Dans chaque lettre, il insistait pour que Daguerre vînt visiter à son tour son laboratoire.

Cette visite, si longtemps réclamée, eut lieu enfin, et quand l'inventeur du Diorama rentra à Paris, il y rapportait un double du traité d'association intervenu entre eux et dont nous avons eu plusieurs fois occasion de parler.

Cet acte portait la date du 14 décembre 1829.

III

L'exposé des faits placés en tête de ce traité est absolument conforme, ainsi que le fait ressortir M. le baron Ernouf, aux indications fournies par la correspondance de Nicéphore Niepce. Celui-ci y figure comme ayant seul droit au titre d'inventeur, ce qui était rigoureusement vrai alors, mais allait bientôt cesser de l'être.

« M. Niepce, y était-il spécifié, désirant fixer par un moyen
» nouveau, sans avoir recours à un dessinateur, les vues
» qu'offre la nature, a fait des recherches à ce sujet.

» De nombreux essais constatant cette découverte en ont été
» le résultat.

» M. Daguerre, auquel il a fait part de sa découverte,
» en ayant apprécié tout l'intérêt, d'autant mieux qu'elle est
» susceptible d'un grand perfectionnement, offre à M. Niepce
» de se joindre à lui pour parvenir à ce perfectionnement et
» de s'associer pour retirer tous les avantages possibles de
» cette nouvelle industrie. »

Suivent les conditions de l'association.

La bonne foi des deux contractants, leur franchise, leur loyauté sont incontestables.

Que va-t-il advenir de cette union de deux intelligences, de deux travailleurs, également résolus à arriver au but commun?

Les associés devaient partager les charges et les bénéfices de l'affaire ; ils devaient travailler en commun au perfectionnement visé ; joindre, en un mot, leurs efforts pour arriver au résultat, lequel n'était rien moins pour chacun d'eux que la gloire et la fortune.

Mais si, avant l'acte d'association, la plus value des apports, en tant que découvertes préliminaires, avait été à l'avantage de Niepce, à partir du moment où on dut agir de concert, cette plus value tourna à l'avantage de Daguerre.

Confiné dans sa retraite des Gras, Niepce, dont l'âge commençait à ralentir l'activité, se voyait souvent arrêté dans ses travaux par des accidents imprévus, qui, faciles à réparer en quelques heures à Paris, lui infligeaient, à lui, des semaines d'attente.

Ne pouvant aller à Châlon et en revenir le même jour, le moindre déplacement lui coûtait une perte de temps sérieuse.

Encore était-il rare qu'à Châlon il trouvât ce qui lui manquait. Il fallait alors écrire à Paris, et on sait ce qu'à cette époque demandaient de temps des échanges de correspondances et d'envois par messagerie.

Daguerre, au contraire, avait tout sous la main. Il avait de plus la santé et l'activité, car, bien qu'il n'y eût entre eux que dix ans de différence d'âge, le tempérament et le caractère faisaient de l'un un homme encore jeune et alerte, de l'autre presque un vieillard.

Nous avons tracé le portrait de Daguerre au physique et au moral. Plaçons en regard celui de Niepce.

Un buste de lui, qui passe pour très ressemblant et qui fut fait lorsqu'il avait une cinquantaine d'années, le représente sous les traits d'un homme « à la physionomie sérieuse jusqu'à l'austérité ; dans la bouche fine mais légèrement contractée, surtout dans le regard profondément enfoncé sous l'arcade sourcilière, on retrouve l'habitude invétérée, la ténacité indomptable de l'investigateur. »

Voici maintenant le portrait moral.

Sur la figure austère et fatiguée que nous venons de décrire, on remarquait, dès avant la rencontre des deux associés, « la trace d'une obsession d'esprit incessante, de l'obsession d'une idée fixe, d'une fermeté stoïque, luttant encore mais *tristement* contre d'amères déceptions, » d'une volonté encore armée pour la lutte, mais prête à mettre bas les armes, si les obstacles, au lieu de diminuer, se multiplient trop pressés autour de lui.

Or, ces obstacles dont nous parlions tout à l'heure s'accroissaient comme si la destinée eût résolu d'abattre les dernières résistances du pauvre grand homme.

C'était à désespérer. Daguerre encourageait de tout son pouvoir l'associé dont il appréciait les qualités, et sans lequel, avouait-il lui-même, il eût été encore bien éloigné du succès qu'il sentait lui appartenir.

Il s'appliquait à ménager l'amour-propre de Niepce en s'efforçant de rattacher aux travaux de celui-ci même les découvertes qui en différaient le plus.

Aussi, et quoi qu'on ait bien voulu en dire plus tard, les deux associés vivaient-ils dans la plus grande entente.

La rivalité tant exploitée contre Daguerre ne naquit qu'après la mort de Niepce, c'est-à-dire qu'elle se produisit entre les partisans et les détracteurs des deux physiciens.

Quoi qu'il en soit, Niepce ne vit pas le succès de l'œuvre capitale de sa vie. Il mourut en 1833 aux Gras, presque pauvre et à peu près complètement ignoré.

Sa mort mit naturellement fin à l'association conclue quatre ans plus tôt. Sa famille rentra dans ses droits à la propriété de ses découvertes, et Daguerre eut à continuer seul son œuvre.

Que, dans cette œuvre, il ait forcément utilisé certaines des expériences de Niepce, il serait puéril de le contester.

Seulement ses procédés étaient si différents, les résultats obtenus, si peu prévus par Niepce lui-même, que nul, et ce dernier moins que tout autre s'il eût vécu, n'eût songé à lui contester son titre d'inventeur.

Par intérêt peut-être, mais en tout cas en obéissant à un sentiment de délicatesse qui lui fait honneur, Daguerre bientôt après offrit au fils de Nicéphore, l'héritier des procédés et continuateur de ses travaux, une nouvelle association qui, ainsi que nous l'avons dit, fit partager à Isidore Niepce l'honneur et les profits de la découverte à laquelle, du reste, il n'était point demeuré étranger.

ISIDORE NIEPCE

I

Nous avons dit que Nicéphore Niepce avait un fils qui, ainsi du reste que tous les membres de la famille Niepce, avait un goût décidé pour les sciences (1).

Nous savons peu de choses sur l'enfance et la jeunesse d'Isidore NIEPCE. Les détails conservés sur sa vie sont uniquement ceux que Nicéphore a donnés dans sa correspondance, et comme la plupart des lettres du savant de Châlon étaient justement adressées à son fils, elles faisaient plutôt allusion aux choses du moment, aux effusions d'une confiance tendre et réciproque qu'elles ne réveillaient des souvenirs du passé, souvenirs connus de tous deux.

Isidore avait été le fidèle et dévoué collaborateur de son père; il resta le continuateur de ses travaux.

(1) Témoin ce Claude-Bernard, frère de Nicéphore, qui, établi à Londres, à la suite de la ruine de sa famille, y fut visité à deux reprises par son frère. Nous avons dit qu'il y tenait un rang distingué parmi les hommes de science.

Nous avons aussi à parler d'un neveu de Nicéphore et de Claude, du même nom que celui-ci et dont les travaux, plus récents que ceux de Daguerre et de ses associés, ont eu surtout pour objet l'image héliographique colorée, ou photochromie.

Ce qui prouve que l'ancien associé de Daguerre n'avait pas
eu à se plaindre de celui-ci, autant du moins qu'on a bien
voulu le prétendre, c'est que, non seulement les relations entre
Paris et Châlon ne s'interrompirent pas, mais qu'elles conti-
nuèrent à être des plus cordiales.

Il en résulta, en 1835, la reprise de l'association de 1829,
Niepce fils remplaçant son père.

Un paragraphe important fut ajouté au contrat.

Ce paragraphe modifiait l'article 1ᵉʳ de l'acte précédent,
celui qui définissait l'objet de la Société. Le but de cette
Société s'était, en effet, transformé. Il ne s'agissait plus de
« coopérer au perfectionnement de la découverte *inventée*
» par M. Niepce et *perfectionnée* par M. Daguerre ; mais à
» l'exploitation de la découverte inventée par **M. Daguerre** et
» feu Niepce. »

Cette stipulation, reprochée à Daguerre, était cependant
basée sur un fait positif : « Ce fait incontestable que Daguerre
» avait, à la suite de nombreuses expériences, reconnu la
» possibilité d'obtenir un résultat plus avantageux sous le
» rapport de la promptitude (1) à l'aide d'un procédé qu'il
» avait découvert (l'iodure d'argent), procédé qui avait rem-
» placé la base de la découverte exposée dans le traité origi-
» naire (le bitume de Judée). »

Ce traité, malgré cette modification, ne répondait plus à
l'importance toujours croissante des améliorations introduites
dans l'art photographique.

Daguerre et Niepce, d'accord à cet égard, conclurent de
nouvelles conventions (mai 1837).

Le nouveau contrat, cette fois définitif, réglait les conditions de l'exploitation des procédés héliographiques de Niepce
et celle du daguerréotype.

Il admettait que le nom seul de Daguerre figurât dans l'ap-

____

(1) On se rappelle que, dans ses lettres, Nicéphore parlait de cette
promptitude dont il s'émerveillait et qu'il comparait à la rapidité de
l'électricité.

pellation du nouveau procédé, qui dès lors fut en effet connu sous le nom de daguerréotype, mais en stipulant toutefois que « ce nouveau procédé ne pourrait être publié que conjointe- » ment avec le premier, afin que *le nom de Nicéphore Niepce* » *figurât toujours, comme il le devait, dans cette découverte.* »

Ce fut sur ces entrefaites que se produisit l'incendie du Diorama.

Nous avons dit avec quel courage, quelle énergie Daguerre supporta ce coup terrible, non qu'il n'y fût pas aussi sensible qu'on pourrait se l'imaginer, mais parce qu'il se réfugia dans ce grand consolateur des âmes abattues, ce maître par excellence des choses de la vie : LE TRAVAIL !

Isidore joignit ses efforts aux siens; tous deux donnèrent ce que nous oserons appeler, en employant une expression un peu vulgaire, mais d'une force qui s'applique admirablement à notre sujet : « une dernière et vigoureuse poussée » à leur œuvre.

Dans la biographie de Daguerre, nous avons vu ce qui en résulta : le succès, un succès éclatant qui n'eut qu'un défaut, celui de ne pas assurer, dans de suffisantes proportions, la fortune de Daguerre et celle de Niepce.

Par malheur, Niepce, qui partageait les goûts de son père et aimait la solitude des Gras, où il s'était retiré avec les quatre mille francs de pension qu'il estimait devoir lui procurer une aisance suffisante, ne sut pas résister aux insinuations des ennemis de Daguerre.

En se joignant à eux pour accuser celui-ci, il ne détruisit pas seulement la tranquillité de la vie de son ancien associé, il empoisonna la sienne.

Quand les détracteurs du daguerréotype n'eurent plus besoin de lui pour appuyer leurs accusations, ils l'abandon- nèrent à sa solitude et à ses tristes pensées.

Il s'y éteignit, plus ignoré encore que son père, si ignoré que les auteurs qui nous ont servi de guides dans cette courte notice ne mentionnent même pas la date de sa mort.

CLAUDE-ABEL-FÉLIX NIEPCE

1805.

HÉLIOCHROMIE

I

Claude NIEPCE, né à Saint-Cyr, près Châlon, le 26 juillet 1805, se destina de bonne heure, avec l'agrément de ses parents, à la carrière militaire.

Il entra à Saumur, et en sortit, en 1827, avec le grade de maréchal des logis instructeur.

Soit que les traditions de sa famille eussent influé sur ses goûts, soit vocation naturelle, il montra de bonne heure une grande aptitude pour les sciences, considérées surtout au point de vue de leur application pratique.

Le soldat, chez lui, était doublé du vulgarisateur et, à certains égards, de l'industriel.

C'est ainsi que, se trouvant à Montauban, en 1842, c'est-à-dire à l'époque où la question du développement de la culture

8

des plantes tinctoriales était à l'ordre du jour, dans les régions montagneuses du midi de la France, il s'occupa de cette question alors si importante, et fut amené, d'observations en observations, d'expériences en expériences, à porter ses études sur l'action que les acides exercent sur les matières colorantes.

Un incident fortuit le conduisit à cette étude d'abord, et, bientôt après, à de précieuses découvertes.

En coupant un citron, il laissa tomber quelques gouttes de jus sur le drap garance de son pantalon. Le pantalon était taché, et la contrariété fut grande.

Pour tout le monde et pour lui-même peut-être à ce moment « la couleur était mangée, » et il n'y avait pas de remède....

Mais un apprenti savant ne serait pas digne de devenir un savant en titre si chaque difficulté aperçue n'amenait sur ses lèvres un *cependant*, un *pourquoi?*

Ne pouvait-on découvrir un réactif quelconque qui ramenât sur l'étoffe la couleur disparue?

Niepce se mit à la recherche de ce réactif, et, d'essais en essais, il arriva aux plus importantes découvertes, découvertes qui, par un étrange bonheur, trouvèrent immédiatement leur emploi.

Le ministre de la guerre, en effet, venait de décider que les collets, les revers, les parements de l'uniforme d'un certain nombre de régiments de cavalerie seraient de couleur orange, au lieu d'être roses ou cramoisis comme ils l'étaient auparavant.

Niepce, qui avait expérimenté les facilités d'appropriation qu'offrait l'œillet d'Inde à ce sujet, proposa, en se servant de cette plante, un procédé très économique.

Ce procédé, « mentionné honorablement dans le rapport du jury de l'exposition de l'industrie et des arts de Poitiers (août 1842), fut adopté par le ministre de la guerre, à la suite des expériences concluantes faites par M. Chevreul.

Claude Niepce, alors simple lieutenant, avait une fortune en main.

Il estima qu'une exploitation industrielle, même faite sous le couvert d'un tiers, n'était pas compatible avec l'épaulette, et, comme il aimait par-dessus tout son « métier de soldat, » il ne fut pas tenté d'exploiter sa découverte.

Par un désintéressement qui l'honore, il ne songea même pas à tirer parti de la cession de son brevet : le nouveau système entra d'emblée dans le domaine public.

Il ne faudrait pas croire cependant que Niepce ne caressât aucune espèce d'ambition.

Il tenait d'abord à se faire dans la science un nom qui pût marcher de pair avec celui de l'inventeur de l'héliographie : le même nom, accompagné de l'auréole de services égaux bien que différents.

Une seconde ambition, qui est encore et a été, depuis bien des siècles, celle de tous les hommes de mérite, aussi bien dans les sciences que dans les lettres et les arts, s'imposait à lui : le séjour de Paris.

Ce vœu, qui menaçait de devenir pour Claude une sorte d'idée fixe, se réalisa en 1845. Il fut incorporé, avec son grade de lieutenant, dans la garde municipale.

Il y arrivait avec un bagage scientifique déjà bien considérable, si l'on en juge par les travaux qui, coup sur coup, établirent son incontestable mérite de physicien et de chimiste.

Laissons parler ici un de ses biographes :

« Il était à peine depuis deux ans à Paris lorsqu'il présenta, le 25 octobre 1847, à l'Académie des sciences son beau mémoire sur l'action des vapeurs qui, sur un rapport de M. Chevreul, fut inséré dans le *Recueil des savants étrangers.*

» Le même jour, Niepce annonçait à l'Académie ses premiers essais de photographie sur verre, obtenus à l'aide d'une couche d'amidon.

» Dans l'intervalle éclata la révolution de février, qui, par le licenciement de la garde municipale, mit Niepce en non activité.

» Il n'en continua qu'avec plus d'ardeur ses études photographiques, et, dès le 12 juin 1848, il communiquait à l'Académie ses procédés de photographie sur verre, qui ont donné depuis de si beaux résultats. Quelques-unes de ces épreuves, qui marquent une des grandes phases de l'invention de son oncle, ont figuré à l'exposition universelle. En juillet 1848, M. Niepce quitta Paris avec le 10e régiment de dragons, où il venait d'être réintégré comme lieutenant.

» Nommé capitaine le 11 novembre suivant, il revint en avril 1849 à Paris servir avec le même grade dans la garde républicaine. Depuis lors, tous ses moments de loisir furent consacrés à l'étude si intéressante des phénomènes que peuvent produire tous les corps de la nature sous l'influence de la lumière.

» Pour mettre ce savant et modeste officier à même de poursuivre plus librement ses travaux, l'empereur le nomma, le 19 février 1854, commandant du Louvre après lui avoir donné le grade de chef d'escadron, et, en 1859, la croix de chevalier de la Légion d'honneur.

» Frappé des expériences de Becquerel et de John Herschell, qui avaient essayé de reproduire des images avec les couleurs du spectre solaire (héliochromie), il entreprit une série de recherches originales sur les flammes colorées et présenta successivement à l'Académie trois mémoires sur l'héliochromie. Beaucoup de savants et d'artistes ont pu admirer ces merveilleuses images qui reproduisent les objets avec leurs couleurs naturelles.

» Mais ces images étaient instables. Elles s'affaiblissaient et disparaissaient peu à peu : la lumière, vaincue mais non assujettie, reprenait ce qu'elle avait cédé ! »

Niepce ne parvint point à résoudre la question, et il ne semble pas qu'elle l'ait été par aucun de ses émules.

Disons cependant que, s'il faut en croire certaines indiscrétions, l'Exposition de 1889 prépare à ses visiteurs de magnifiques surprises à ce sujet... comme à bien d'autres.

WILLIAM TALBOT

WILLIAM-HENRI-FOX TALBOT

1800.

I

Lève distingué du collège de la Trinité à Cambridge, où il remporta, en 1820, le prix de Parson, TALBOT, poète, archéologue, semblait peu disposé à aborder le terrain, quelquefois aride pour les imaginations ardentes, de la science.

Cependant, sa passion pour l'archéologie l'ayant conduit à s'occuper de minéralogie et de physique, il s'aperçut bientôt que dans ce champ, à son époque réputé fort ingrat, il y avait d'amples, d'intéressantes moissons à faire fructifier.

Il se rapprocha des savants, se plut à disserter avec eux, mais sans toutefois aborder franchement aucune des questions qui alors passionnaient le monde.

Un incident fortuit, tel que ceux que nous avons eu à relever successivement dans ce volume, vint tout à coup changer ses dispositions.

Disons du reste que la situation de famille et de fortune de

Talbot le rendait absolument maître de suivre ses inspirations et d'obéir à ses préférences (1).

La carrière politique, qu'il avait choisie et dans laquelle ses
talents et ses relations sociales lui ménageaient assurément de
brillants succès, fut abandonnée par lui, à la suite de l'incident
auquel nous venons de faire allusion, et qui fut, à proprement
parler, « le premier pas sérieux fait vers l'art photographique
actuel. »

Talbot raconte lui-même l'origine de sa découverte dans un
ouvrage aussi rare que curieux, le *Pinceau de la nature,*
que nous avons eu le regret, malgré toutes nos démarches,
tant en France qu'en Angleterre, de ne pouvoir nous procurer.

Nous y aurions certainement trouvé de grandes pages à
reproduire.

L'histoire des débuts de la photographie, racontée sous ce
titre, presque merveilleux par lui-même, de *Pinceau de la
nature,* par un poète et un savant, devait, tout en restant
essentiellement exacte, s'élever parfois jusqu'au sublime.

Malheureusement, paraît-il, l'œuvre de Talbot contenait
peu de texte et par contre un nombre considérable d'épreuves
photographiques, dont l'ensemble représentait, en même temps
qu'une très forte dépense pour les éditeurs, un écoulement
restreint par suite de l'élévation forcée du prix de vente.

C'est du moins l'explication qu'on a donnée à Londres, à
la Société centrale de photographie, où nous l'avions fait
demander.

Mais revenons à Talbot, lorsque, en 1833, il se trouva tout à

____

(1) Bien qu'il eût, en 1821, pris ses grades à l'université de Cambridge,
Talbot ne s'engagea jamais dans la carrière universitaire. Imitant la
vieille tradition anglaise, qui exige que tout homme d'intelligence et
d'honneur serve sa patrie par des travaux utiles ou en exerçant des fonctions politiques, il se porta, en 1832, comme candidat du bourg de
Cheppekam, fut élu et alla siéger pendant deux ou trois sessions à la
Chambre des communes, après quoi, ne trouvant pas sa mission politique
compatible avec ses travaux scientifiques, il donna sa démission de
député.

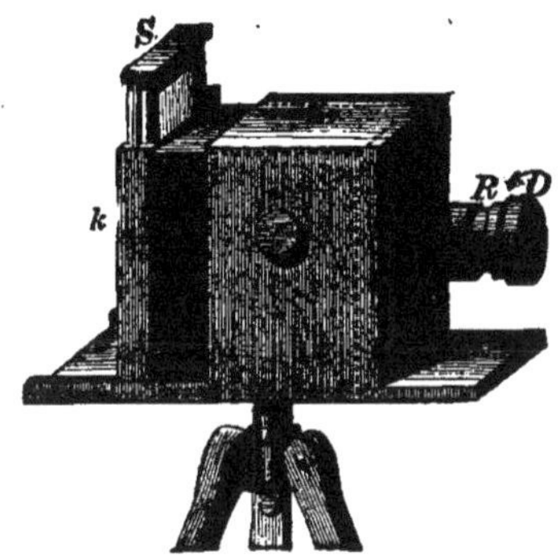

R   Objectif.

D   Obturateur.

K *k* Chambre noire.

S   Glace dépolie.

x   Bouton de tirage.

THÉORIE DE L'APPAREIL

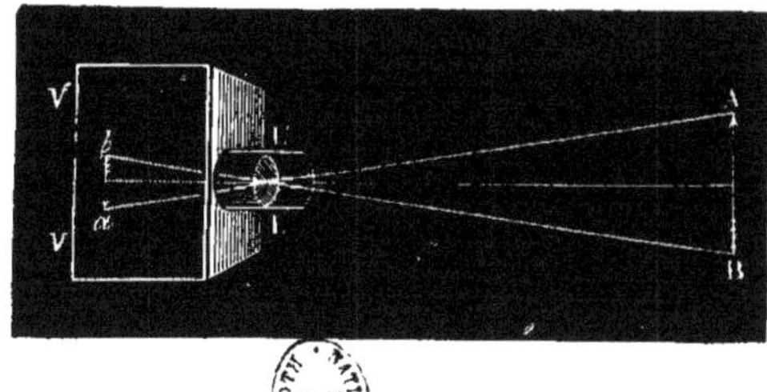

A B Grandeur du modèle.

a b Image sur la glace dépolie V V.

L L' Objectif.

coup mis en présence, sinon de la solution du problème cherché, la substitution du papier aux plaques métalliques, pour
les épreuves fournies par le daguerréotype, du moins en
présence d'un moyen sûr et pratique d'arriver à cette solution.

Laissons ici parler l'inventeur, non d'après les paroles mêmes
de ses mémoires, mais d'après celles que lui prête un de ses
biographes.

« Essayant, dit-il, en octobre 1833, de dessiner, au moyen de
la chambre obscure, le paysage des côtes du lac de Côme, j'en
vins, rebuté par les nombreuses imperfections de cet instrument, à réfléchir sur la possibilité de fixer, par un procédé
chimique, les belles images que les lentilles de la chambre
obscure reproduisaient sur le papier. Ce fut dès lors vers la
réalisation de cette idée que se portèrent toutes mes recherches
et toutes mes expériences, et je parvins graduellement à un
résultat satisfaisant. Toutefois, désireux de ne faire connaître
ma découverte que lorsque je l'aurais perfectionnée autant que
possible, j'attendis assez longtemps pour voir un autre publier
une méthode analogue à la mienne. Cet autre fut Daguerre, qui
fit connaître, en 1839, le procédé qu'il appelait la méthode
Niepce perfectionnée, et qui, depuis, prit le nom de daguer-
réotypie.

» Je communiquai immédiatement à la Société royale de
Londres la méthode dont j'étais l'inventeur, et que j'appelai
d'abord *dessin photogétrique*, puis *calatype*, mais pour laquelle
sir David Brevoster proposa, en mon honneur, le nom de *Talbo-
typhie*, sous lequel elle fut généralement connue jusqu'au jour
où elle prit le nom plus significatif de photographie.

» Dans le procédé de Daguerre, comme on le sait, l'image
était produite sur des plaques métalliques, tandis que, dans les
miennes, on l'obtenait sur du papier. Le premier fut d'abord
le plus usité, parce que l'image était plus nette que dans le
second ; mais ce fut celui-ci qui l'emporta lorsque j'eus découvert un fait capital, qui a été la base de la photographie

actuelle, à savoir : que le papier, dans les premières secondes
de son exposition à la lumière, reçoit une image invisible, parfaite sous tous les rapports, et qui peut être rendue visible en
plongeant le papier dans un bain d'acide gallique ou d'un autre
liquide astringent.... »

En 1842, la Société royale décerna à M. Talbot sa grande
médaille en l'honneur de sa découverte. Il a publié, depuis
cette époque, différents ouvrages relatifs à la photographie,
notamment son *Pinceau de la nature,* qui est un recueil de
paysages, de portraits, de *fac-simile* de gravures et d'anciens
ouvrages imprimés, etc.; un *Rapport* sur le résultat d'expériences faites, pour obtenir des images photographiques tout
à fait instantanées, et une *Notice* sur les moyens de graver par
la photographie sur des planches d'acier. Mais il n'a pas, sous
ce rapport, obtenu d'aussi importants résultats que M. Niepce
de Saint-Victor.

Ces travaux ne sont pas les seuls que l'on doive à M. Talbot ;
il s'est aussi occupé d'études littéraires, et s'est appliqué avec
beaucoup d'ardeur à déchiffrer les inscriptions cunéiformes
assyriennes, etc.

N'est-il pas curieux de penser que « les imperfections d'une
chambre obscure, » construite avec peu de précision sans doute,
mais qui, sortie, par exemple, des ateliers de « l'ingénieur
Chevalier, » eût paru *parfaite* au dessinateur, ont poussé
celui-ci à la découverte de l'art photographique!...

Il est à remarquer, et l'histoire de la science est là pour le
prouver, que l'insuffisance ou le mauvais état des appareils
dont disposaient autrefois la plupart des savants, n'a pas peu contribué à amener ceux-ci à des perfectionnements et des découvertes, soit en ce qui touche les appareils eux-mêmes, soit au
point de vue du problème cherché, auxquels ils n'auraient point
songé sans cela.

Et pour ne parler que de l'héliographie, certains passages
de la correspondance de Niepce font foi de cette vérité, qui
tout d'abord peut paraître paradoxale.

D'abord, on entend le solitaire des Gras se lamenter sur tel accident arrivé à ses appareils et qui va arrêter tous ses travaux.

Car « il n'y a pas à penser pour moi, dit-il, à faire le voyage de Châlon, et Paris est si loin !.. les communications si lentes... si coûteuses.... »

Ne croirait-on pas qu'il y a deux ou trois siècles que ces lignes, tracées en 1826, ont été écrites?

Quoi qu'il en soit, « Niepce se passait de l'objet manquant, » et après avoir maugréé et parlé d'autre chose, il revenait à son sujet, quelquefois pour gémir encore, mais le plus souvent pour raconter d'un ton ravi — chose rare chez lui — qu'il y a suppléé avec plus ou moins d'ingéniosité et d'avantages.

N'est-ce pas le cas de répéter le bon vieux proverbe : *la nécessité est la mère de l'industrie !*

APPENDICE

APPENDICE

〜✖〜

I

Tᴿᴼᴵˢ savants illustres dont le nom s'impose dans toutes les questions qui touchent aux progrès de l'optique et tout particulièrement à l'héliographie, ont été mentionnés plusieurs fois dans notre travail.

Il nous avait paru d'abord que nous pouvions placer leur biographie dans le cours même de notre ouvrage.

Toutefois, en y réfléchissant, ils ont, au point de vue de la science, en général, une trop grande illustration, pour pouvoir et devoir figurer, à aucun titre et dans une découverte, comme personnages secondaires.

Nous nous sommes proposé ensuite de donner « en note » une notice historique concernant chacun d'eux.

Mais les notes, quand elles sont longues, sont peu lues. La pensée où l'on est qu'elles ne contiennent que des développements explicatifs, des espèces de pièces justificatives, et peut-être aussi les trop petits caractères dans lesquels on les imprime, portent beaucoup trop de lecteurs à les *sauter*.

C'est un tort; car, s'il est à peu près exact de dire que la pensée vraie et principale d'un correspondant est presque toujours dans le *post-scriptum* et non dans le corps d'une lettre,

il n'est pas moins vrai de prétendre que c'est dans « les annota-
tions » qu'un bon auteur continue de résumer, de concentrer
ce que son livre contient de meilleur.

Quoi qu'il en soit, ne voulant pas mettre le lecteur à l'épreuve,
au risque de faire nuire à des mémoires, telles que celles de
Scheele, de sir *Humphry Davy*, des *frères Montgolfier*, nous
nous sommes arrêté au parti de placer leur biographie, à part
et en appendice, à l'étude photographique que nous offrons
aujourd'hui à nos fidèles lecteurs.

Ces deux notices sont très abrégées, très écourtées même,
et elles devaient l'être, parce que, dans de prochaines études,
ces grandes figures, revenant se placer sous notre plume, récla-
meront une histoire détaillée.

II

A peu près les mêmes motifs nous ont porté à placer également « en appendice, » quatre courtes notices sur la chambre
noire, la lanterne magique, le diorama et le stéréoscope.

Insérer ces notices dans nos récits eût été allonger ceux-ci
de façon à leur faire perdre une partie de leur intérêt.

Les omettre eût évidemment constitué une lacune regrettable.

Nous les donnons dans notre appendice, en ayant soin de les
placer avant les deux biographies dont nous venons de parler,
attendu que, par le sujet qu'elles traitent, elles se rapportent
à l'héliographie bien plus directement que les travaux faits
incidemment sur cet art par Scheele et Davy.

LA CHAMBRE NOIRE

« Un physicien napolitain, Jean-Baptiste Porta, reconnut, dit
Arago, il y a environ trois siècles (c'était en 1560), que, si
l'on perce un très petit trou dans le volet de la fenêtre d'une
chambre bien close, ou mieux encore dans une plaque métallique mince appliquée à ce volet, tous les objets extérieurs
dont les rayons peuvent atteindre le trou, vont se peindre sur
le mur de la chambre qui lui fait face, avec des dimensions
réduites ou agrandies suivant les distances, et avec les couleurs
naturelles. »

Devenue d'une utilité particulière pour les travaux photographiques, la chambre noire n'a pas tardé à se modifier et à
se perfectionner.

L'appareil primitif à tiroir offrait, en effet, de nombreux
inconvénients ; s'il était de grande dimension, le maniement
en devenant laborieux dans les diverses conditions de température et d'hygrométrie, le glissement de longues et lourdes
parties mobiles était difficile et parfois même impossible ; si
les nécessités du travail photographique, en un point donné,
surtout quand il s'agit de paysage, forçaient l'opérateur à
employer des objectifs ou trop courts ou trop longs : dans le
premier cas, le tiroir ne rentrant pas assez, la chambre était
inutile ; dans le second cas, les tiroirs se disjoignant, l'inconvénient était le même.

Pour remédier à ces défauts, on a commencé par augmenter
le nombre des tiroirs, ce qui permettait un plus grand allon-
gement et un plus petit raccourcissement, mais rendait le
maniement plus difficile dans les changements de température.

C'est alors que l'on imagina le soufflet. Cette ingénieuse

disposition permettait, du même coup, une énorme distention et une contraction dans un très petit espace ; mais elle causait en même temps un défaut de rigidité dans les parois, défaut qui compliquait l'outillage en nécessitant un mécanisme spécial pour maintenir l'appareil tendu.

Ce n'a été qu'après de longs tâtonnements que l'on est parvenu à parer à ces inconvénients. Aujourd'hui la chambre noire paraît avoir atteint une perfection difficile à dépasser.

Que de fois, non pas de nos jours, mais depuis un siècle, n'a-t-on pas parlé, sur une foule d'inventions, de procédés scientifiques, et combien peu cependant ces inventions, ces procédés sont restés stationnaires !

La chambre noire a reçu de nombreuses applications. Nous en citerons trois : la lanterne magique, la photographie, le stéréoscope.

La plus populaire, bien qu'elle soit loin d'être la plus importante de ces applications, est celle qui a pour objet la création de la lanterne magique.

De plus en plus négligée de nos jours, cette récréation si chère à notre enfance, à nous qui avons dépassé le milieu de la vie, a contribué, dans une mesure plus large qu'on ne le pense, à réveiller en France le goût des arts.

LA LANTERNE MAGIQUE

Le jésuite Kircher donne, dans son *Ars magna lucis et umbræ*, la description de l'appareil devenu populaire, sous le nom de *lanterne magique*, et dont il passe généralement pour l'inventeur.

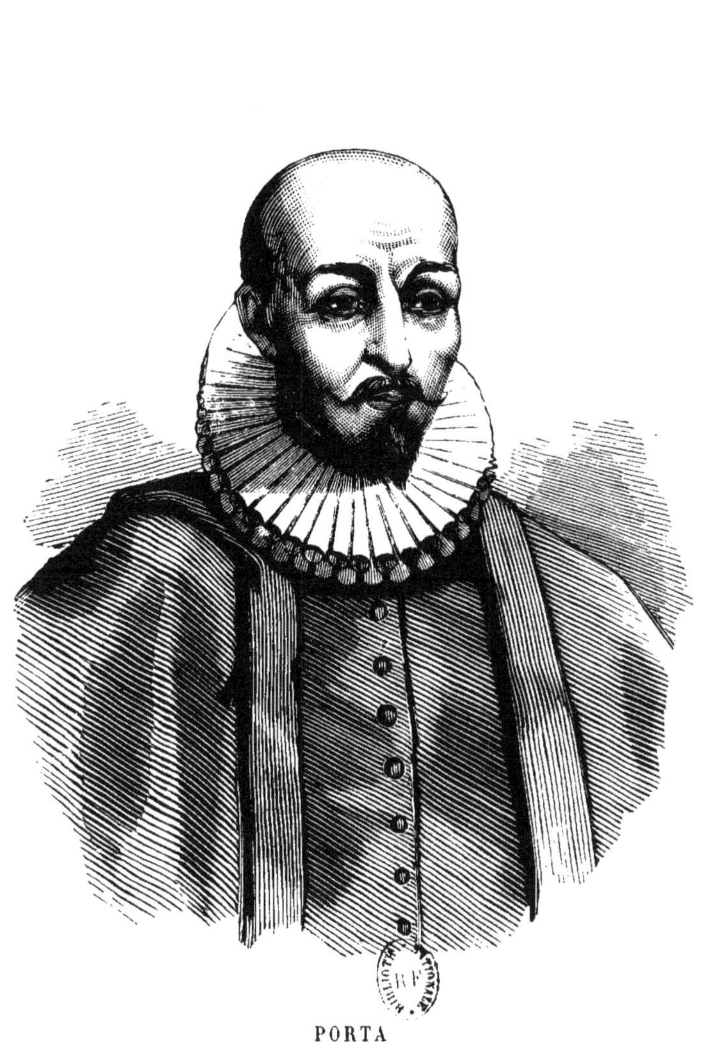

PORTA

Cet instrument sert à faire paraître, agrandies sur un écran blanc, une muraille, des images peintes avec des couleurs transparentes sur des morceaux de verre mince.

Il se compose d'une *lanterne* ou boîte en fer-blanc, dans laquelle sont placés un miroir concave et, au foyer de ce miroir, une lampe.

A la lanterne est adapté un tube renfermant deux lentilles convergentes, dont la première, appelée demi-boule, est un verre plan-convexe; l'autre est l'objectif.

Entre l'objectif et la demi-boule, se trouve une ouverture par laquelle on introduit une mince lame de verre, sur laquelle sont peintes les figures qu'on veut faire apparaître.

Les rayons de la lumière fournie par la lampe sont réfléchis par le miroir sur la lentille qui les concentre vers les figures de la lame en les éclairant fortement.

Les rayons ainsi colorés qui sortent de la lame de verre sont à leur tour reçus par l'objectif, au sortir duquel ils dirigent et vont former, sur un écran convenablement éloigné, une image réelle, amplifiée et renversée, des figures peintes sur la lame.

Pour que l'image ne paraisse pas renversée, on a eu soin de renverser la lame de verre elle-même.

Le grossissement produit par la lanterne magique s'estime, comme celui des lentilles, d'après la proportion suivante :

La grandeur de l'image est à celle de l'objet, comme la distance de l'objectif à l'image est à la distance de l'objectif de l'objet.

On peut donc, avec un objectif à court foyer, obtenir des images très grandes. Toutefois, si le dessin n'est éclairé, comme c'est l'ordinaire, que par la flamme d'une lampe ou d'une bougie, on ne peut guère dépasser un grossissement linéaire de vingt à vingt-cinq fois.

Dans certaines salles de spectacle, l'éclairage des dessins est produit par la lumière de Drumond.

Comme on peut augmenter considérablement et diminuer de

même l'intensité de la lumière, on peut aussi augmenter ou diminuer proportionnellement l'éclat des images, et par là même, en faisant varier les jeux de lumière, multiplier les jouissances du spectateur.

DIORAMA

Le *diorama* est une sorte de spectacle rempli de surprises et de délicieuses illusions.

Il se compose d'un ensemble de tableaux et de vues peintes qui atteignent jusqu'à vingt-deux mètres de longueur sur quatorze mètres de largeur.

Ces tableaux sont placés de façon que l'on puisse varier l'intensité et la direction des lumières pour produire successivement des effets différents aux yeux des spectateurs placés dans l'obscurité.

La salle spéciale où ils se trouvent simule la scène d'un théâtre par rapport au théâtre. Les bords de l'ouverture qui unit les deux pièces se prolongent jusqu'aux tableaux eux-mêmes disposés pour l'effet dans un enfoncement de quinze ou vingt mètres.

L'attention du spectateur se trouve ainsi concentrée en un point et mise à l'abri de toute fâcheuse distraction.

Les tableaux peints sur une toile de coton présentent des dessins sur chacune de leurs faces.

On devine que la pièce réservée aux amateurs est dégarnie de fenêtres et plongée dans une obscurité que dissipe seule la lumière du tableau.

Celle-ci arrive par une ouverture circulaire placée à la

voûte de la seconde chambre et qui se dérobe adroitement aux regards des spectateurs.

Cette ouverture est d'ailleurs munie de volets et de transparents de teintes variées, qui permettent de nuancer la lumière et d'en augmenter ou d'en diminuer l'abondance.

DIORAMA DE DAGUERRE

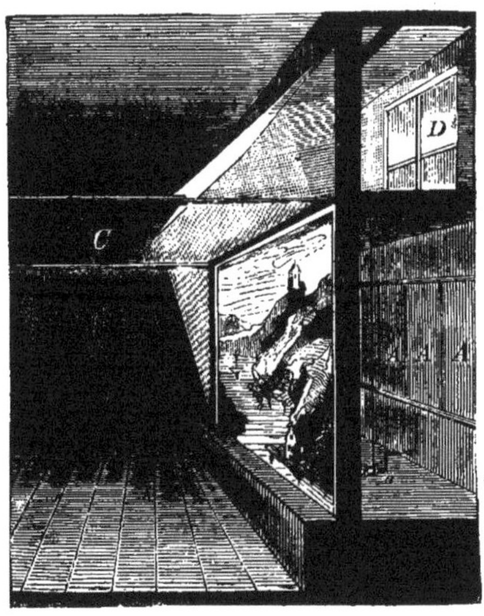

A A A Glaces.
D Fenêtre.
R Réflecteur.
C Plafond noir à coulisse.
a Manivelle pour dérouler les sujets peints.

On peut ainsi reproduire avec une exactitude incroyable tous les accidents naturels de lumière, d'ombre et de clair-obscur, c'est-à-dire représenter les changements visibles qui dépendent de l'état de l'atmosphère, tels qu'un soleil éclatant, un clair de lune, un temps obscurci par le brouillard, l'obscurité du crépuscule.

Ce n'est pas tout. Veut-on modifier les perspectives offertes aux curieux et mettre le comble à leur étonnement, il suffira de fermer avec soin l'ouverture dont nous avons parlé et d'en ouvrir aussitôt une autre disposée derrière le tableau et par laquelle un jour subit viendra substituer aux dessins de la face antérieure ceux qui décorent la face postérieure. L'effet est vraiment magique et des plus saisissants. Les illusions du diorama reposent sur trois principes : la position du spectateur à l'égard du tableau, le procédé de peinture employé pour celui-ci, et la distribution de la lumière qui vient frapper la peinture.

Le diorama date de 1822. On en doit la découverte à MM. Daguerre et Benton ; elle fut, pour le premier, comme un acheminement à l'art merveilleux qui a illustré son nom. Le premier diorama fut établi rue Sanson, derrière le Château-d'Eau.

L'une des applications les plus ingénieuses du diorama et qui a eu pendant longtemps le privilège de faire le charme de la foule, c'est celle de la *Messe de minuit à l'église Saint-Étienne-du-Mont.*

Au début du spectacle, l'église s'offrait aux regards avec la clarté un peu grise qu'on lui connaît pendant le jour. Par une dégradation de lumière admirablement ménagée, la nuit envahissait ensuite l'édifice, le remplissait de ses obscurités et de son calme religieux.

Mais bientôt le sanctuaire s'éclaircit à la clarté douteuse des cierges et des lampes ; puis l'église, qui avait d'abord paru vide, se peuplait tout à coup d'une foule compacte, pieuse et recueillie.

L'émotion gagnait les curieux, et l'âme trouvait ainsi un aliment dans un sujet de récréation qui avait paru d'abord ne devoir flatter que la curiosité.

En 1839, nous l'avons dit, le diorama fondé par Daguerre,

et dont nous venons de donner la description, fut consumé par
un incendie.

Pour bien apprécier le mérite de ce diorama dont l'Europe
entière s'occupa et dont tous les visiteurs, tant français

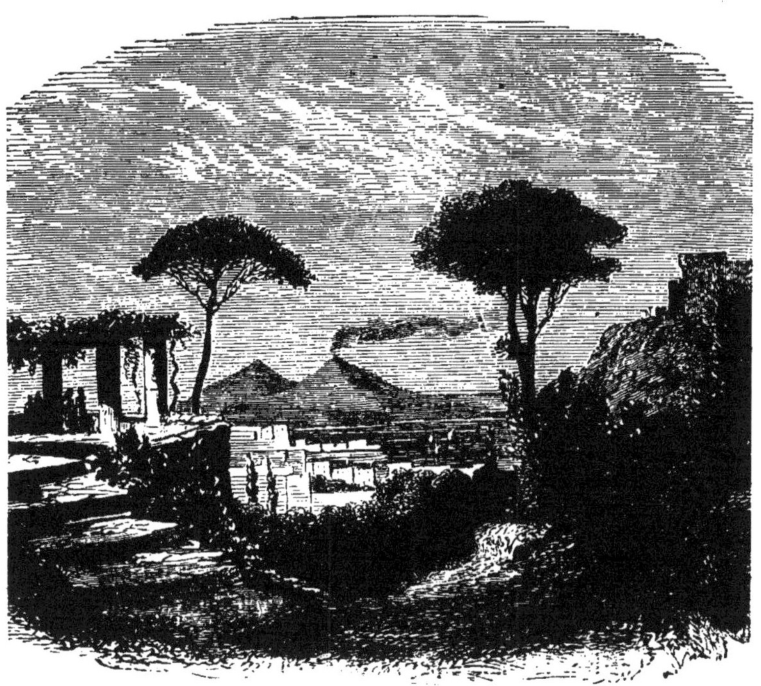

Environs de Naples.

qu'étrangers, racontaient des merveilles, il faut se rappeler
combien, avant Daguerre, la peinture décorative était médiocre
et l'illusion scénique nulle, même dans les meilleurs théâtres.

Déjà, dans l'art décoratif théâtral proprement dit, le créateur du diorama avait introduit de grandes améliorations.

Les mémoires du temps citent entre autres le fameux décor du *Vampire*, mélodrame joué à l'Ambigu, exécuté par Daguerre à l'âge de vingt-cinq ans, et qui figura plus tard au diorama, où il obtint un succès immense.

« Il y avait notamment un tableau qui représentait le cimetière où était censé reposer le cadavre du Vampire : un superbe effet de lune mobile sur des tombes dont le souvenir a inspiré plus tard le beau décor du cloître Sainte-Rosalie dans *Robert le Diable*.

» Les tableaux favoris du public étaient ceux à double effet qui, après un entr'acte, reproduisaient le même sujet sous un aspect différent.

» Parfois ces changements s'obtenaient avec la même peinture, plus ou moins éclairée à certaines places, et par la combustion de poudres lumineuses simulant une éruption ou un incendie.

» Ainsi, à la seconde reprise de la *vue des environs de Naples*, le Vésuve apparaissait en feu dans l'obscurité; à celle de la *vue d'Édimbourg*, on n'apercevait plus la ville qu'à la lueur de l'embrasement.

» Mais les modifications plus radicales, comme celles de la *vallée de Goldau*, après l'éboulement de l'église Saint-Paul, à la suite de l'incendie, exigeaient un surcroît de travail : la toile alors était peinte des deux côtés, et l'une ou l'autre peinture apparaissait, selon que l'appareil mobile d'éclairage y faisait arriver la lumière par *réflexion* ou par *réfraction* (1). »

Après l'incendie de 1839, le diorama fut réorganisé dans une salle du boulevard Bonne-Nouvelle, mais dans des conditions d'infériorité telles que son succès fut à peu près nul ; en 1849, un nouvel incendie le détruisit.

____

(1) Le diorama avait été monté par actions par Daguerre et Bouton. Les capitalistes qui avaient eu confiance en eux n'eurent pas à s'en repentir. L'entreprise rapporta des sommes considérables. Malheureusement « les deux artistes n'avaient pas eu, comme la *fourmi* de La Fontaine, la prévoyance d'*amasser en temps utile*. »

Aujourd'hui existe aux Champs-Élysées un établissement du même genre. On le désigne sous le titre d'*Ancien Diorama historique*.

———

LE STÉRÉOSCOPE

Le stéréoscope (du préfixe *stéréo* et du grec *skopeo*, j'examine) est un instrument d'optique qui donne le sentiment du relief, au moyen de deux images planes superposées par la vision binoculaire : à l'aide du *stéréoscope*, nous voyons exactement les objets comme s'ils existaient devant nous (BABINET).

Quand nous regardons un objet avec nos deux yeux, nous le voyons saillant, solide et en relief ; la sensation de ce relief est due à la superposition des deux images planes et dissemblables qui se forment sur la rétine de chacun de nos yeux. Une expérience très simple met ce principe en évidence : devant les deux yeux, placez votre main droite dans la position verticale, de manière que le pouce et l'index soient seuls visibles ; fermez l'œil droit et ouvrez le gauche, vous apercevrez la face antérieure de la main que vous verrez, ce sera la face interne. Ouvrez les deux yeux, et vous ne verrez plus qu'une seule image qui représente une partie des deux faces antérieure et postérieure de votre main.

Si, aux deux images distinctes que tout objet envoie à nos deux yeux, nous substituons deux dessins qui soient la représentation de chacune de ces images, nous nous placerons dans les conditions de la vision naturelle, et nous aurons non seulement la sensation du relief, mais encore celle de la couleur, de la dégradation des teintes, en un mot la même sensation que si nous avions la nature elle-même devant les yeux. C'est ce que fait le stéréoscope. La première idée de cet instrument n'est pas neuve, puisque nous la trouvons dans les écrits du géomètre grec Euclide, qui vivait à Alexandrie l'an 280 avant Jésus-Christ.

On pourrait même supposer qu'on exécuta un instrument analogue au stéréoscope vers l'an 1630, en se fondant sur deux dessins qui ont été retrouvés au musée Wicar, à Lille, et qui ont été exécutés vers 1640 par un peintre florentin ; ces dessins sont absolument les dessins droit et gauche d'un stéréoscope.

Cependant cette idée était totalement oubliée quand, en 1838, Wheatstone construisit le premier stéréoscope. C'était un stéréoscope à réflexion. Il consistait en une boîte sans fond qui portait sur ses deux cloisons verticales deux dessins pré- parés conformément aux principes de la vision stéréosco- pique ; au milieu de la boîte on plaçait deux miroirs plans réunis à angle droit ; le dessin gauche et le dessin droit ve- naient se réfléter sur les miroirs, et les images arrivant dans l'œil de l'observateur lui donnaient la sensation du relief.

Quoique en apparence fort simple, ce stéréoscope était d'un emploi difficile. Ce n'était qu'à force d'habitude que l'on pou- vait arriver à adapter les miroirs au point voulu ; il avait, en outre, l'inconvénient d'être très volumineux et par consé- quent peu portatif.

M. Brewster rendit l'instrument beaucoup plus usuel en substituant les prismes aux miroirs. C'est en 1844 qu'il cons- truisit le premier stéréoscope à prisme.

Après avoir essayé pendant six années de triompher de l'ignorance et du mauvais vouloir des opticiens anglais qui, d'accord avec les photographes, se refusaient à fabriquer des vues stéréoscopiques, M. Brewster vint apporter son inven- tion à Paris ; la France fut pour lui plus hospitalière, et en peu de temps il popularisa son invention.

Ce stéréoscope a été modifié par M. Duboscq.

Beaucoup de savants se sont préoccupés de construire des appareils qui permissent à un grand nombre de personnes à la fois de jouir de l'effet stéréoscopique.

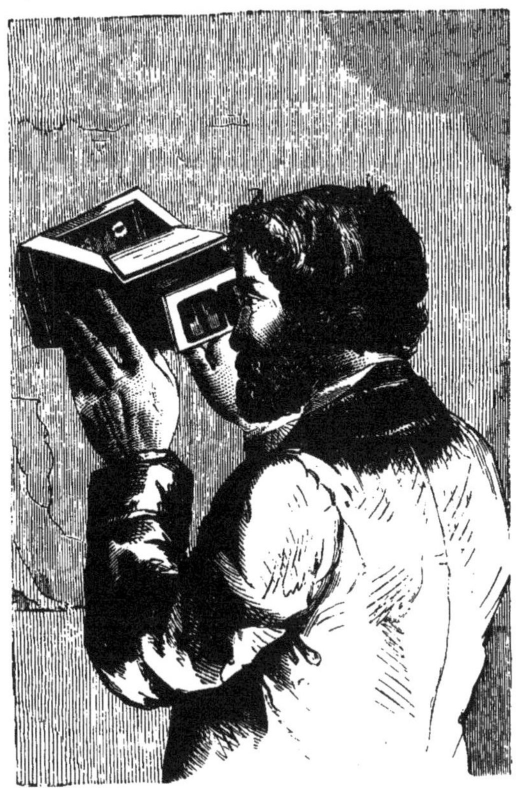

Stéréoscope.

En 1858, M. Claudet présenta un appareil qui, au moyen d'une image projetée sur un verre dépoli et résultant de la fusion en une seule de deux images semblables, produisit la sensation du relief. M. Claudet prend deux objectifs, et au moyen de ces objectifs il projette deux images identiques d'un objet quelconque sur le même point de l'écran, afin que celles-ci, se rencontrant au même point, se fondent et n'en forment plus qu'une seule.

L'écran est formé par une surface noire au milieu de laquelle il y a une plaque de verre dépoli sur laquelle on projette les images. Quand on regarde cette image sans le secours d'aucun instrument, on perçoit la sensation du relief.

Un grand avantage qu'a cet instrument sur le stéréoscope Brewster, c'est que l'on peut contempler l'image comme un tableau, soit à 0,30, soit à 3 mètres sans la moindre fatigue. L'image projetée est plus grande que l'image photographique. On peut encore rendre l'effet plus sensible en regardant l'image avec de fortes lentilles convergentes.

M. d'Almeida, professeur de physique, a fait connaître deux procédés très ingénieux pour obtenir des images stéréoscopiques d'une grande dimension. Voici le premier de ces procédés. On projette sur un écran les images de deux épreuves stéréoscopiques ; on rapproche les deux images projetées sur un écran, de manière à les mettre à peu près dans la position où se serait présenté l'objet.

Ces deux images, avant de se peindre sur l'écran, ont été colorées l'une en rouge, l'autre en vert, par l'interposition des verres de couleur, et pour les regarder, on arme l'un des yeux d'un verre rouge, l'autre d'un verre vert. L'image rouge se montre seule à l'œil qui est recouvert de rouge et l'image verte à celui qui est recouvert du carreau vert, et tout aussitôt le relief apparait.

Dans son second procédé, M. d'Almeida laisse les images incolores. C'est en interrompant tour à tour le rayon visuel qui irait à chacun des yeux qu'il arrive à obtenir les résultats voulus.

Un débat s'est élevé sur la priorité de l'invention de la vision stéréoscopique par les verres colorés : M. Rollmann, physicien allemand, s'en est dit l'inventeur. Il aurait décrit cette méthode stéréoscopique en 1853 dans les *Annales de Poggendorff*.

Il y a encore beaucoup d'autres stéréoscopes parmi lesquels : le *stéréoscope à colonne* de Ferrier, le *télestéréoscope* de M. Helmhotz, le *stéréoscope omnibus* de M. Faye, le *stéréoscope diaphragmatique* de Volpicelli, etc.

On sait que les épreuves photographiques destinées à être regardées au stéréoscope doivent être doubles, concorder mathématiquement dans leurs parties centrales, mais différer d'une certaine quantité sur leurs parties latérales. L'angle qui représente ces différents aspects varie selon que les objets sont rapprochés ou éloignés. Cet angle doit être beaucoup plus grand pour la vue d'un paysage que pour un buste ou un portrait.

On fait donc usage de deux appareils différents pour photographier des sujets qui rentrent dans ces deux classes.

Quand on photographie un buste ou un portrait, on se sert de deux chambres noires ; dans le second cas, un seul objectif suffit.

Les procédés photographiques sont les mêmes que dans la photographie ordinaire ; la seule précaution à prendre est de bien placer les objectifs.

SCHEELE

SCHEELE

1742 — 1786.

———⊙———⊙———

ᴏᴍᴍᴇ la plupart des chimistes de son temps, ce fut dans le laboratoire d'un apothicaire que SCHEELE prit le goût de la chimie et en commença l'étude.

Ce savant illustre, un des créateurs de la chimie moderne et surtout de la chimie organique, était né à Stralsund, ville de la Poméranie suédoise. « Il était fils d'un pauvre marchand dont la meilleure spéculation fut de le mettre chez un apothicaire de Guthenbourg, puisque la manipulation des drogues fut la porte de sa renommée et de sa fortune. »

Scheele passa dix ans chez son patron, dont il ne tarda pas à devenir plus que l'émule. Il partageait son temps entre les occupations inhérentes aux fonctions qu'il remplissait avec autant de conscience, d'exactitude que d'intelligence, et « son labeur à lui, » c'est-à-dire les observations, les recherches, les expériences que lui suggérait le génie scientifique qui déjà le possédait tout entier.

Les livres de science étaient, à cette époque, rares et fort coûteux. Le jeune homme s'imposait d'énormes privations pour s'en procurer tout ce qui pouvait en arriver jusqu'à lui.

Le laboratoire de son maître était à sa disposition ; mais ce laboratoire était loin de répondre aux besoins toujours croissants de ses investigations.

Il se décida à se séparer de l'ami, du guide de sa jeunesse, et partit pour Upsal, dont l'Académie jouissait d'une juste réputation dans les États du nord de l'Europe.

Là, il trouva tout ce qui lui avait manqué jusqu'alors et qu'il s'imaginait devoir suffire aux études les plus complètes : laboratoire muni de tous les appareils dont il avait lu la description dans ses livres ; professeurs de mérite, camarades dont le zèle et les connaissances acquises ne pouvaient manquer, lui semblait-il, d'aiguillonner son émulation.

Mais, à son grand étonnement, il s'aperçut bientôt que tout cela ne lui suffirait pas. Une sorte d'intuition, de prescience l'emportait sans cesse bien au delà de l'enseignement de l'Académie.

Il découvrait dans les appareils des lacunes, des défauts même que nul avant lui n'y avait vus et que personne autour de lui n'y soupçonnait.

Il n'était pas jusqu'aux substances, jusqu'aux agents chimiques employés qui n'éveillassent sa sollicitude. Et la plupart du temps il se trouvait qu'il avait vu juste : la substance, l'agent devaient être ou modifiés dans leur emploi, ou pouvaient être remplacés avantageusement, soit par des agents analogues, soit par des agents tout autres.

Cette promptitude, cette justesse d'appréciation émerveillaient les intelligences supérieures qui en étaient témoins. Mais elles déconcertaient, elles déroutaient les esprits routiniers, et comme ceux-ci sont plus nombreux que ceux-là, même parmi les savants et les écoliers qui suivent leurs cours — nous parlons, bien entendu, des savants et des écoliers du temps de Scheele, — il arriva que notre savant compta bientôt plus de contradicteurs que d'approbateurs.

Seulement, comme la jalousie s'émousse en s'éloignant de l'objet envié, comme la nature humaine est invinciblement

attirée vers la lumière qui lui vient de loin, tandis qu'elle
accorde peu d'attention à celle qui luit directement sur elle,
la Suède d'abord, l'Europe bientôt s'émut des travaux et des
découvertes de Scheele.

Une de ces découvertes avait une portée immense : celle de
l'acide gazeux, dit acide carbonique, dont Bergmann devait
bientôt après traiter plus amplement.

Ce qu'il y a peut-être de plus remarquable dans les travaux
de Scheele, c'est que « tous ces travaux s'enchaînent et dé-
coulent naturellement les uns des autres comme les effets des
causes. Observateur ingénieux auquel aucun fait n'échappe,
il découvre le calorique rayonnant avec une cuillère présentée
à la porte de son fourneau. Il traite le carbonate de chaux et
il arrive à l'acide carbonique ; la chaux le mène par analogies
à l'acide de barium (baryte) ; il découvre le *manganèse*, et la
décomposition de l'oxyde de ce métal lui donne le *gaz oxy-
gène ;* il soumet un mélange de bioxyde de manganèse et de
sel marin ou chlorure de sodium à l'influence d'un acide et de
la chaleur, il découvre le chlore. »

A tous ces corps dont le génie investigateur de l'illustre
professeur d'Upsal a enrichi la chimie inorganique, il faut
ajouter le *molybdène*, l'*hydrogène arséniqué*, l'*hydrure de
soufre, etc.*

Quant à la chimie organique, « Scheele en est, en quelque
sorte, le père ; il a obtenu, le premier, à l'état de pureté, les
acides *tartrique* et *citrique ;* le premier, il a reconnu le principe doux des huiles ; enfin, il est l'inventeur des acides
urique, lactique, mucique, oxalique, hydrocyanique, etc... »

Scheele, né en 1742, mourut en 1786.

S'il y a lieu de s'étonner que pendant une vie si courte il
ait pu élever un monument scientifique aussi considérable, il
n'y a du moins pas à être surpris de trouver son nom inséparablement uni à celui des inventions importantes de notre
époque, lesquelles ont toutes eu, pour point de départ ou
pour agent de développement, une de ses découvertes.

HUMPHRY DAVY

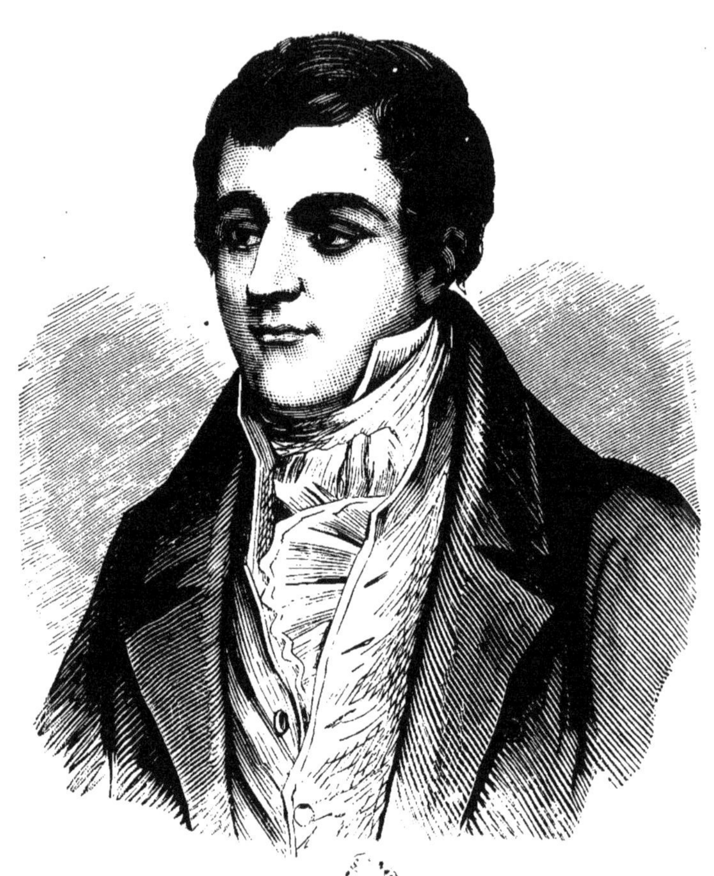

HUMPHRY DAVY

HUMPHRY DAVY

1778 — 1827.

Fils d'un charpentier-ciseleur de Penzance, dans le Cornwall, lequel était un véritable artiste dans sa modeste condition, Humphry DAVY prit de bonne heure le goût du beau.

L'infini, l'inconnu l'attiraient invinciblement. Dès l'enfance, il contracta l'habitude d'errer dans les parties les plus abruptes de la ceinture rocheuse qui, sur la côte de ce comté, enserre l'Océan.

Il en eut bientôt gravi les points les plus escarpés; il en découvrit les passages les plus secrets, de sorte que la côte elle-même lui devint aussi accessible, aussi familière que si aucun rempart ne l'eût protégée.

Dès lors, le but de ses admirations changea. Passant du grandiose sublime de l'ensemble à l'observation des détails, il sentit naître et se développer en lui ses véritables aptitudes.

Son occupation privilégiée, sa grande joie consistaient à ramasser sur la plage les galets, les coquillages que rejetait la vague.

Il examinait déjà ces diverses productions de la mer avec l'attention d'un naturaliste, et quand, le soir, le petit savant s'en revenait chargé de ses trésors, il contait à ses camarades

assemblés les histoires les plus fantastiques sur ces cailloux
étincelants de quartz, de feldspath et de mica, ces pierres
spongieuses percées d'innombrables cellules, ces coquilles
nacrées ou à demi pétrifiées.

Son père, qui avait cru tour à tour voir en lui l'étoffe d'un
poète, d'un artiste, s'aperçut bientôt qu'il avait affaire à un
futur savant.

Le brave homme avait trop de bon sens, il savait trop bien
la puissance de l'inspiration, de l'attrait sur certaines natures
privilégiées, pour s'exposer à contrarier une vocation si nettement accusée.

Quand Humphry atteignit sa seizième année, il le mit en
apprentissage dans ce qui était alors — nous l'avons dit bien
des fois déjà — le vestibule des études scientifiques, c'est-à-
dire qu'il le plaça chez le plus en renom des chirurgiens-apo-
thicaires de Penzance.

Ce chirurgien était bienveillant et bon. Il prit rapidement
en amitié son nouvel élève, ce qui fut particulièrement heureux pour celui-ci. En effet, avec un maître moins indulgent,
Humphry eût cent fois couru le risque d'être congédié. Et cela,
non à cause d'incapacité ou de mauvais vouloir, mais par suite
de son impétuosité à apprendre.

Dès son entrée en fonctions, Davy, se trouvant à l'étroit dans
la modeste officine de l'apothicaire, avait imaginé de convertir
en laboratoire de chimie le grenier de la maison. Là, il mettait
à large contribution les fioles et les mortiers de la boutique,
« au grand désespoir de son maître, qu'on entendait souvent
s'écrier :

» — Ce garçon est incorrigible ; il nous fera sauter, nous
et la maison. »

Partagé entre sa passion d'enfant pour cette branche de
l'histoire naturelle, alors si peu connue, qui a pour objet
l'étude des productions de la mer, et l'attrait tout-puissant qui
l'inclinait vers la chimie, Davy prit pour objectif ce double
attrait dans le premier travail sérieux qui le mit en évidence.

Il chercha et parvint à déterminer la qualité de l'air contenu dans les vésicules du varech. Il voulut s'assurer si, de même que les végétaux qui croissent sur la terre renouvellent l'atmosphère des animaux terrestres, de même les végétaux qui croissent dans la mer maintiennent l'équilibre de l'atmosphère de l'Océan.

Fidèle aux habitudes de son enfance, lorsque chez son père il communiquait aux gamins de son quartier le résultat de ses observations et de ses rêveries sur la grève pendant la journée, Humphry, déjà sur la route de la renommée, n'aimait pas à garder pour lui seul le fruit de ses expériences.

On eût dit qu'il s'essayait déjà au professorat, ou plutôt qu'il se préparait sur le plus humble des théâtres à cette popularité, à cette admiration passionnée que devaient provoquer plus tard, à l'Institution royale de Londres, ses cours de chimie.

Cette habitude, que son maître et ses amis lui reprochaient comme incompatible avec le décorum que doit garder « un élève praticien, » devint l'occasion de la fortune de Davy.

Voici comment : « Un jour qu'à cheval sur l'espèce de barrière qui servait pendant le jour de porte à la boutique de son maître, il s'amusait à haranguer une troupe de bambins qui ne se lassaient pas de l'entendre, M. Gilbert, président de la Société royale de Londres, vint à passer dans la rue. La verve du jeune improvisateur attira son attention. Il écouta quelques instants, et une des personnes qui l'accompagnaient lui ayant dit que Humphry était le fils du charpentier Davy, il s'écria :

» — Mais, en vérité, où ce garçon a-t-il puisé les aperçus si clairs, si nets qu'un savant de premier ordre ne les désavouerait pas ?

» — Oh ! répliqua l'interlocuteur de M. Gilbert, pour qui connaît Humphry ceci s'explique par sa passion pour la chimie dont il fait continuellement des expériences... au risque même d'incendier tout le quartier. »

Sa curiosité ainsi mise en éveil, M. Gilbert s'approcha de

Davy, causa avec lui et fut si enchanté de ses réponses,
qu'avant de le quitter il lui avait promis sa protection, et mis
à son service sa bibliothèque et ses conseils.

Humphry mit à contribution livres et conseils ; quant à la
protection, elle ne tarda pas à se manifester par la nomination
du jeune homme comme préparateur à l'Institution pneumatique de Bristol, dirigée alors par le célèbre docteur Beddoes.

Non seulement c'était la carrière des sciences qui s'ouvrait
pour le futur inventeur de *la lampe de sûreté*, mais la voie
qu'il devait suivre lui était en quelque sorte nettement
tracée.

A peine installé sur ce nouveau théâtre qui était bien celui
qu'il avait rêvé, Davy se livra aux plus importants travaux.
« Il commença ses recherches sur la chaleur, la lumière et ses
combinaisons, les gaz délétères et l'action qu'ils exercent sur
l'organisation humaine. Il n'hésita pas à en essayer par lui-
même. Il respira de l'oxyde d'azote, au risque de se remplir
les poumons d'eau forte ; il fit la même expérience avec
l'hydro-carbone qui diffère fort peu du gaz d'éclairage. Il
tenta même de l'oxyde de carbone, poison mortel pour tout
ce qui a vie animale. »

La santé du courageux savant ne résista pas à ces épreuves.
Pour se remettre, Davy dut suspendre ses travaux et alla
passer quelque temps dans sa ville natale.

Et, comme s'il était destiné à mêler à sa vie des souvenirs,
des rapprochements de nature à le rattacher, par un point
quelconque, à toutes les branches des connaissances humaines,
il renouvela, pendant son séjour à Penzance, l'épreuve faite par
le grand orateur grec dont il partageait le défaut naturel.
Comme Démosthène, c'est-à-dire en déclamant très haut, au
bord de la mer, la bouche pleine de cailloux, il corrigea ce
défaut.

Nommé sur ces entrefaites professeur de chimie à l'Institution royale de Londres, dont Rumford était directeur, notre
savant aborda le grand théâtre de ses succès et de sa gloire.

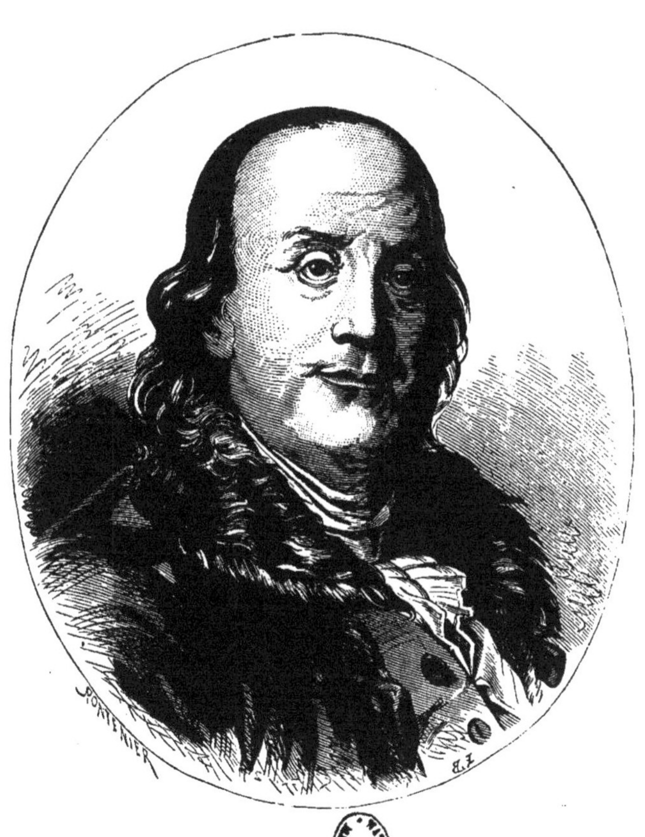

RUMFORD

Il était prêt pour le rôle magnifique qu'il allait, non pas
remplir, mais créer ; facilité de démonstration, charme et
élégance d'élocution, il avait tout ce qu'il fallait pour attirer
un public d'élite et arriver rapidement à une renommée universelle.

« Les plus grandes dames d'Angleterre accouraient aux opé-
rations de sa pile voltaïque, aux éruptions de son volcan en miniature ; il n'était pas jusqu'aux poètes et aux écrivains qui ne sui-

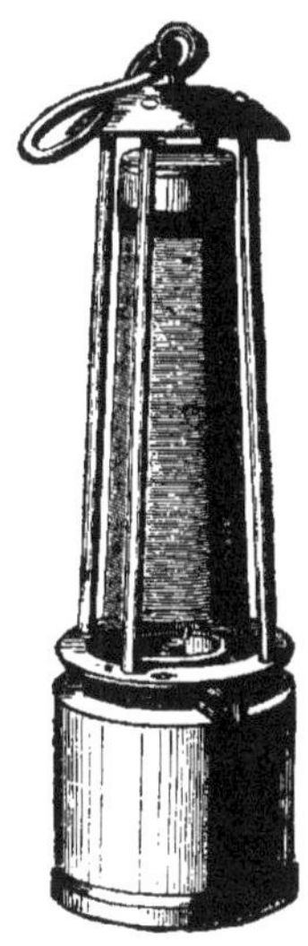

Lampe de Davy.

vissent avec empressement ses leçons sur la *potasse,* la *soude,*
la *magnésie,* et cela dans le but d'enrichir, grâce à la parole
imagée et brillante du savant vulgarisateur, leur provision de
métaphores et de comparaisons. »

Une seule tache nous semble ternir la vie grande, utile et
surtout toujours irréprochable de Humphry Davy.

La faute à laquelle nous faisons allusion, tenait sans doute en grande partie aux passions politiques du temps, lesquelles avaient réveillé dans toute leur violence les inimitiés de race à l'origine desquelles il serait difficile de remonter, tant chez nos voisins d'outre-Manche que chez nous.

Quoi qu'il en soit, il n'est pas moins regrettable de voir un homme de la valeur de Davy — un homme placé au premier rang sur le champ neutre et sacré de la science — s'associer ostensiblement à ces préjugés, à ces inimitiés populaires.

C'est cependant ce à quoi se laissa entraîner l'illustre savant anglais lorsque, en 1807, son discours sur la nature et les propriétés des substances alcalines (1) ayant été couronné par l'Institut de France, il eut « le mauvais goût » d'affecter une indifférence blessante pour nous.

Quelques années plus tard, Davy s'étant marié et ayant renoncé au professorat, vint en France avec sa jeune femme. Il reçut à Paris cet accueil enthousiaste que toutes les célébrités sont sûres d'y provoquer ; mais aux avances, aux ovations même qui lui furent faites, il opposa ce dédain systématique qu'on lui avait pardonné une première fois.

Il se refuse à rien admirer, à rien louer, et les mémoires du temps ont conservé à ce sujet un mot typique que nous croyons devoir reproduire.

Comme on attirait son attention, au musée du Louvre, sur un buste en albâtre de l'Antinoüs égyptien, qui est un des chefs-d'œuvre de l'art antique :

— Oh ! dit-il froidement, quelle magnifique stalactite !

Créé chevalier (baronnet) et comblé d'honneurs en Angleterre, honoré partout où la science est en honneur, populaire dans tout le monde civilisé par la lampe de sûreté, dont l'emploi diminue si considérablement le danger du travail dans les mines, qu'on peut dire que, si ces appareils étaient partout exactement et convenablement employés, ce danger n'existerait plus, du moins en ce qui concerne les explosions,

(1) On sait que Davy changea « complètement la face de la science en décomposant les alcalis et en démontrant leur origine métallique. »

sir Humphry Davy, qui était né en 1778, mourut, le 20 mai
1829, à Genève, à la suite d'un affaiblissement graduel auquel
sa hardiesse, disons mieux, son dévouement d'expérimentateur
ne fut certainement pas étranger.

Le comte Ostrowski a publié, après l'avoir fait jouer il y
a une trentaine d'années à l'*Odéon*, sous le titre : *la Lampe
de Davy*, une comédie fort bien faite, dans laquelle le caractère de l'inventeur, son humanité sont délicatement et admirablement tracés.

LES FRÈRES MONTGOLFIER

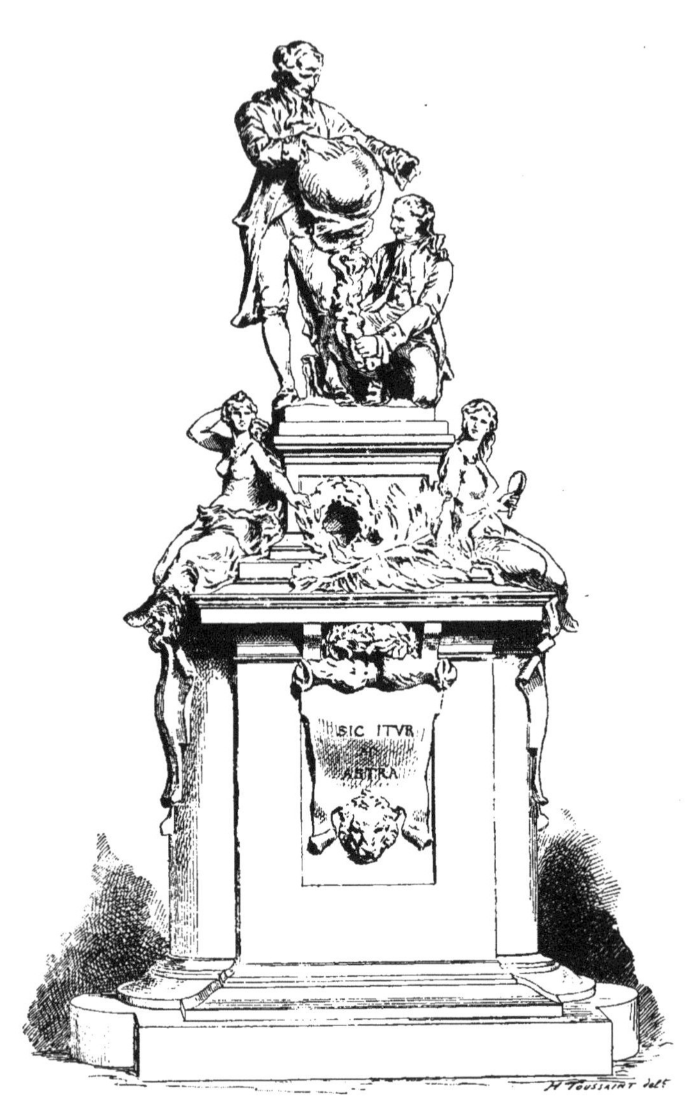

Statue des frères Montgolfier à Annonay.

MONTGOLFIER

(JOSEPH ET ÉTIENNE)

1740 - 1810. = 1745 - 1791.

OMMENT le nom de MONTGOLFIER se rattache-t-il à la découverte de l'héliographie? Nous ne saurions le dire, n'ayant pas étudié assez à fond la vie scientifique des deux frères pour y bien saisir une corrélation suffisamment claire et satisfaisante.

Mais ce qui est sûr, c'est que Niepce de Saint-Victor s'appuie à plusieurs reprises, dans sa correspondance, sur les renseignements précieux que lui ont fournis les études et les travaux des illustres créateurs de l'*aérostation*.

Unis par l'amitié la plus tendre, partageant les mêmes idées, ayant les mêmes goûts, Joseph et Étienne eurent bientôt comblé, grâce à l'émulation qui les poussait à s'égaler et à se surpasser, la différence d'âge qui existait entre eux.

Différence insignifiante dans la maturité de la vie, mais considérable dans la jeunesse, surtout à dix, douze et vingt ans.

La famille Montgolfier jouissait de cette réputation d'honneur, de délicatesse, de probité absolue qui a fait si longtemps la gloire de la vieille bourgeoisie française, et dont on retrouve les traditions d'autant plus vivaces qu'on se rapproche davantage de ces Cévennes, à l'histoire desquelles ils ont ajouté une nouvelle illustration.

Ils naquirent tous deux à Vidalon-lez-Annonay, où leur père possédait l'importante fabrique de papier qui existe encore aujourd'hui.

Joseph et Étienne, placés d'abord au collège de Tournai, envoyés ensuite à Sainte-Barbe à Paris, furent, aussitôt leurs études terminées, placés à la tête de la fabrique de leur père.

Ils ne tardèrent pas à y introduire des perfectionnements qui « font époque » dans l'industrie du papier.

Après avoir simplifié la fabrication du papier ordinaire et amélioré celle des papiers peints de diverses couleurs, ils créèrent plusieurs inventions utiles.

Nous citerons celles du *bélier hydraulique,* qui enlève l'eau à soixante pieds, et d'une machine pneumatique destinée à raréfier l'air dans les moules de leur fabrique.

D'autres découvertes aussi importantes, bien que moins connues, jaillirent des observations, des expériences des deux frères. Leur réputation scientifique eût pu se contenter de la célébrité locale d'abord, et bientôt universelle, qui en résulta à leur profit.

Mais là n'était pas l'œuvre capitale de nos physiciens-chimistes-mécaniciens tout à la fois : c'était une conception plus vaste, une conception qui, aux premiers mots qu'ils en laissèrent échapper, les fit traiter de *fous sublimes!* L'épithète atténuait le substantif, mais ne le détruisait pas.

Les Montgolfier n'en prirent point souci; ils se bornèrent à plus de circonspection, mais sans se relâcher en rien de l'ardeur de leurs travaux.

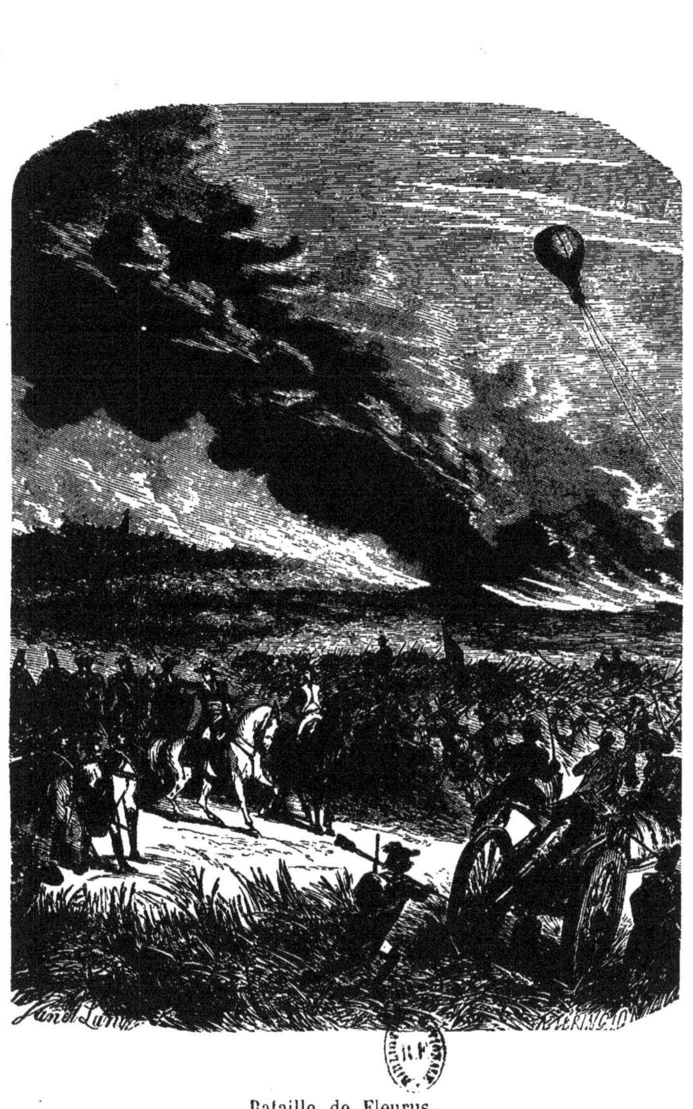

Bataille de Fleurus.

II

« .... Le jeudi, 5 juin 1783, l'assemblée des états du Vivarais était convoquée sur la place publique d'Annonay, autour d'un immense sac de toile recouvert de papier et enveloppé d'un réseau de ficelle.

» Le tout reposait sur un châssis de seize pieds de surface, attaché aux quatre coins par des cordes qui aboutissaient au réseau.

» Sac, réseau et châssis pesaient ensemble environ cinq cents livres.

» Cette machine était destinée à aller, au nom de la physique, prendre possession de la région des météores.

» A la vue de cet appareil, la foule crut d'abord à une inqualifiable mystification. »

Mais quand, « au moyen d'un feu de paille mouillée, allumé sous le châssis, et de quelques ingrédients jetés dans la flamme, le sac s'arrondit et se gonfla en une sphère de cent dix pieds de circonférence ; quand on eut coupé les cordes qui retenaient « le ballon » et qu'on le vit, en moins de dix minutes, s'élever à plus de mille pieds au-dessus de la tête du spectateur, un hourra, tel que jamais les échos de la montagne n'en avaient répété de semblable, fit tressaillir tous les cœurs et s'éleva dans les nues pour y accompagner « la merveilleuse machine.

» Aussitôt après la séance, les états du Vivarais dressèrent procès-verbal de ce qu'ils venaient de voir. »

Deux copies de ce procès-verbal furent envoyées à Paris : l'une au roi, l'autre à l'Académie des sciences.

Les frères Montgolfier furent appelés à Versailles, où ils lancèrent un second ballon devant la Cour réunie.

Le succès des *montgolfières* produisit une sensation universelle.

Les guerres d'Amérique passèrent de mode, et l'on ne s'inquiéta plus que de la « navigation aérienne. »

Il se répandit sur le vieux monde et jusqu'en Amérique un vent d'enthousiasme indescriptible. Tout, modes, parures, couleurs en vogue même, était à la *montgolfier* ou à la *montgolfière*.

Deux hommes, réputés pour sérieux, n'avaient pas un quart d'heure d'entretien sans qu'il fût question « d'aérostation. »

Les joujoux des enfants, les bijoux des femmes affectaient la forme des ballons.

Pendant ce temps, et par une fortune qui n'était alors et qui encore aujourd'hui n'est le partage que de bien peu d'inventeurs, Joseph et Étienne n'étaient point oubliés.

Des médailles étaient frappées en leur nom; ils étaient tous deux nommés membres correspondants de l'Académie des sciences.

Étienne, présenté à la cour, fut décoré du cordon de Saint-Michel. Cette faveur ne pouvant se partager, il obtint pour Joseph une pension de 1,000 francs, et pour son vieux père les lettres de noblesse qu'il avait refusées pour lui-même.

L'entreprise, cependant, avait coûté cher, et elle eût ruiné la famille si Louis XVI n'avait remis aux deux frères 40,000 francs pris sur sa cassette.

Cette faveur, cette popularité n'exercèrent point sur nos calmes montagnards leur fatale influence habituelle.

L'intérêt qui s'attachait à leur découverte, le parti qu'ils espéraient en tirer en obtenant de rendre la « montgolfière » dirigeable, s'étaient d'ailleurs transformés pour eux en une passion trop absorbante pour qu'ils en détournassent leurs pensées et leurs bras un instant de plus qu'il ne le fallait.

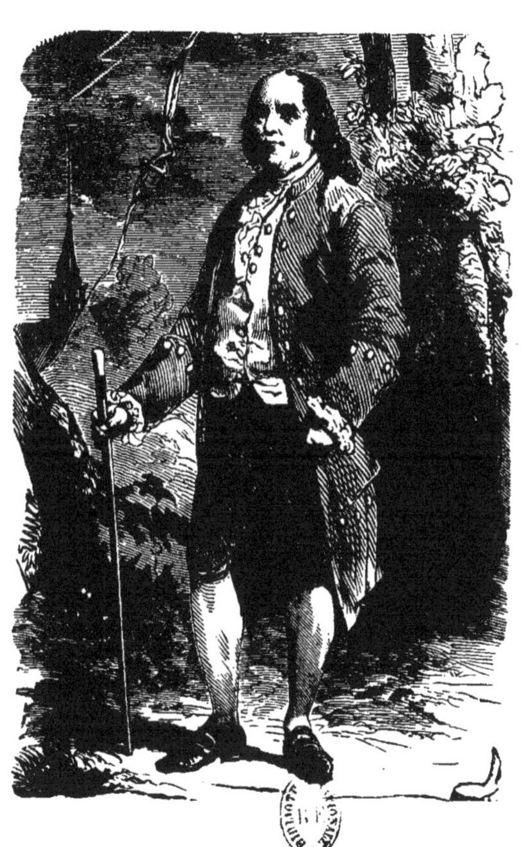

FRANKLIN

Et le public, curieux, ému, suivait et encourageait leurs travaux avec un enthousiasme, une confiance qui, au lieu de se ralentir, augmentaient chaque jour.

Il ne fallut rien moins que la Révolution française pour attirer.ce zèle d'un côté, cette sympathie de l'autre.

Le ballon et ses inventeurs semblaient oubliés, lorsque, pendant les guerres de la république, on songea tout à coup au parti qu'un chef d'armée pouvait tirer de cette découverte. A la bataille de Fleurus, on fit une heureuse application des aérostats, pour observer les mouvements de l'ennemi. Et à l'occasion de l'expédition d'Égypte, on forma une compagnie d'aérostiers.

Plus froid, plus timide que son frère, Étienne, quand il vit la Révolution s'engager dans les voies de violence qui devaient aboutir à la Terreur, se retire à Annonay, où il se consacre entièrement à la fabrique de papier, dont il devient dès lors le directeur.

C'est là qu'il mourut en 1791.

Son frère Joseph, qui lui survécut, fut nommé administrateur du Conservatoire des arts et métiers, entra en 1807 à l'Institut, et mourut en 1810.

« .... Les aérostats cherchent encore leur gouvernail. Cette longue attente ferait-elle désespérer de l'avenir de la découverte?... Assurément non, si l'on pense au temps qui s'est écoulé entre l'invention du télégraphe et son application, entre la découverte de la vapeur comme force motrice et son application.

» Le plus sage est d'attendre et de dire avec Franklin, en voyant se balancer dans l'air un de ces globes qui portent les *Icares* de notre âge : « C'est un enfant, l'avenir est à lui! »

Depuis que Franklin prononçait ces mémorables paroles, l'aérostation, si elle n'est pas encore parvenue à entrer dans « la pratique » qui seule lui assurera un succès décisif, a fait cependant assez de « pas en avant » pour que ce succès doive être déjà considéré comme peu éloigné.

On prétend que l'Exposition qui va s'ouvrir nous réserve à ce sujet, comme à celui de l'*héliochromie*, de grandes et heureuses surprises.

En terminant cette rapide étude, il nous vient une pensée : alors même que les travaux des Montgolfier ne se rattacheraient pas directement à la photographie, par leur invention même, n'auraient-ils pas droit à réclamer une large place dans les applications de l'art héliographique. On sait, en effet, les services que les ballons ont déjà rendus à certaines branches des études photographiques, par exemple, en permettant de prendre à vol d'oiseau certaines vues que tous les efforts de la topographie, aidés par une imagination active, n'eussent pu obtenir qu'approximativement.

Nous croyons superflu d'insister sur ce sujet.

CHEVREUL

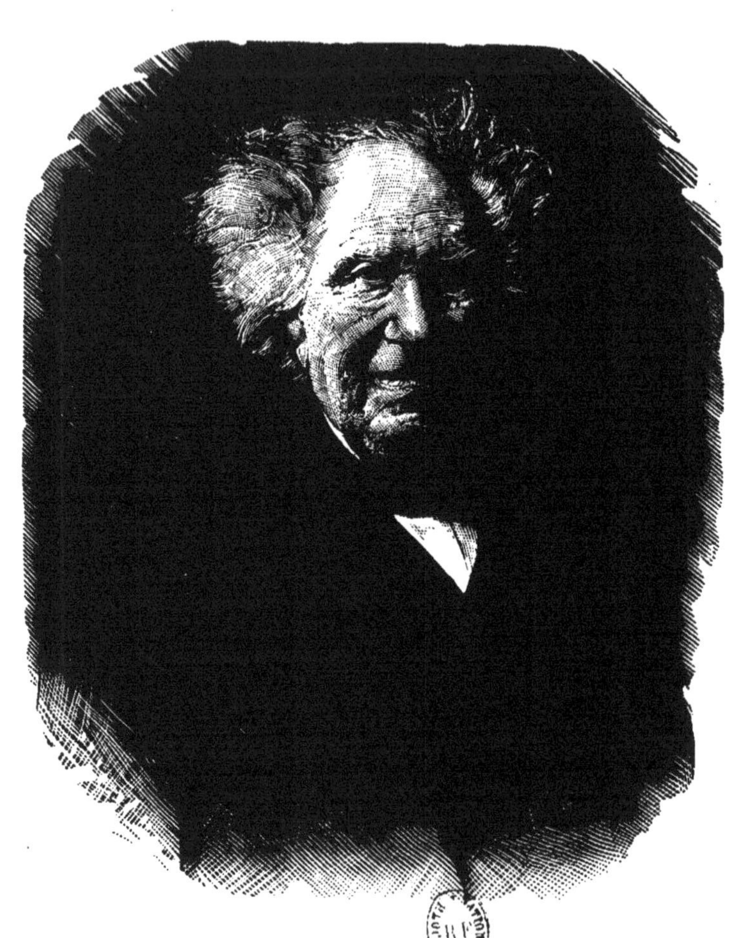

CHEVREUL

MICHEL-EUGÈNE CHEVREUL

1786 — 1889.

I

ᴀ nouvelle de la mort de M. CHEVREUL est venue nous surprendre au moment où nous terminions les dernières lignes de cet ouvrage.

Bien que l'âge de l'illustre savant dût faire pressentir sa fin prochaine, il était permis cependant, en présence d'une constitution aussi robuste, d'un caractère aussi énergique, d'une intelligence toujours jeune et prompte, en présence enfin de la physionomie morale et physique de « ce centenaire » que toutes les questions scientifiques intéressaient encore et passionnaient souvent, une prolongation de vie de quelques mois au moins.

Cette prolongation eût permis « au doyen des étudiants, » comme Chevreul aimait à s'appeler lui-même, au doyen des hommes de haute intelligence, quelque branche des connaissances humaines qu'ils aient cultivée, ainsi que le monde civilisé se plaît à le nommer, d'assister à l'ouverture au moins des grandes assises de la science, des arts, de l'industrie, dont l'ouverture a été inaugurée au lendemain presque de sa mort.

Et quel enthousiasme, quelles ovations, quelle apothéose, en un mot, eût été la suprême récompense, la consécration, si l'on peut ainsi parler, de cette vie consacrée à la science depuis plus de quatre-vingts ans.

Une partie de ces honneurs, de cette gloire eût rejailli sur tous nos savants et sur la France elle-même.

Il n'est pas, depuis le commencement de notre siècle, un seul progrès scientifique ou industriel, une seule découverte qui n'aient dû quelque chose au grand, à l'infatigable savant.

On a vu, dans les pages qui précèdent, comment il partagea avec Dumas l'honneur « de croire à l'avenir de l'invention de Daguerre. »

On a vu comment une étude et un rapport de lui mirent en lumière la valeur et l'utilité de l'art photographique....

Nous n'insisterons pas. Le temps et l'espace nous manquent.

Aussi bien, nos lecteurs liront-ils avec plus d'intérêt la notice que nous empruntons pour eux à un de nos journaux les plus autorisés, qu'ils n'en accorderaient à des rapprochements, qui n'auront leur raison d'être que plus tard, alors que le silence se sera fait autour de la tombe de l'illustre centenaire.

« Michel-Eugène Chevreul était né le 31 août 1786, à Angers. Son père, médecin fort estimé, lui fit faire ses études à l'École centrale d'Angers, où il eut pour condisciple Béclard, qui fut plus tard professeur de physiologie et doyen de la Faculté de médecine.

» Chevreul avait dix-sept ans lorsqu'il vint à Paris. Il entra comme manipulateur dans la fabrique de produits chimiques dirigée par le célèbre chimiste Vauquelin. Celui-ci, ayant reconnu dans son jeune collaborateur une intelligence et des aptitudes peu communes, le prit au bout de quelques années comme préparateur à son cours de chimie du Muséum d'histoire naturelle.

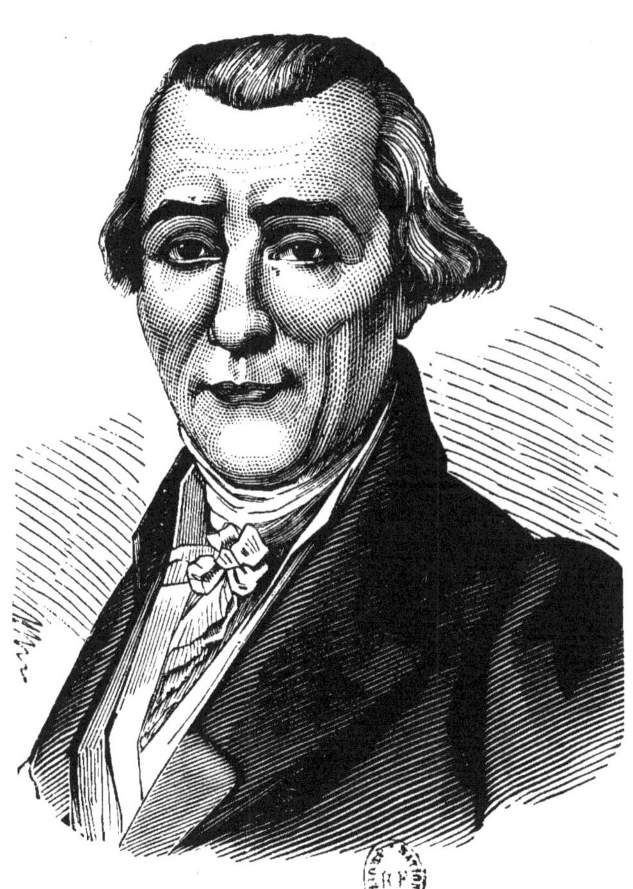

VAUQUELIN

» Trois ans plus tard, en 1813, Chevreul était nommé professeur de chimie au lycée Charlemagne. Il continuait cependant les études et les recherches qu'il avait commencées sous la direction de Vauquelin, et son travail sur « les corps gras d'origine animale » l'avait placé déjà fort en lumière lorsqu'il fut nommé en 1824 directeur des teintures et professeur de chimie à la manufacture des Gobelins.

» C'est là qu'il commença ses remarquables recherches sur les couleurs qui constituèrent un de ses principaux titres à l'Académie des sciences, où il fut admis, en 1826, en remplacement de Proust.

» Chevreul succéda à son ancien maître, Vauquelin, et, en 1830, le remplaça au Jardin des Plantes dans la chaire de professeur de chimie appliquée. Peu d'années plus tard, il était nommé administrateur du Muséum ; il conserva ces fonctions jusqu'en 1879.

» Tout le monde se souvient encore de l'éloquente protestation qu'il fit entendre au nom de la science et de la civilisation, pendant le siège de Paris, contre le bombardement de l'établissement qu'il dirigeait.

» En 1879, il prit sa retraite comme directeur du Muséum, mais il continua à faire son cours de chimie qui le mettait en rapport avec les étudiants, ses « chers camarades, » comme il les appelait.

» Chevreul, qui par ses découvertes s'était conquis une place à part dans le monde savant, était on ne peut plus populaire parmi les universitaires de tout âge. La jeunesse des Écoles ne manquait aucune occasion de témoigner sa vénération à l'illustre chimiste qui ne revendiquait qu'un titre : celui de doyen des étudiants.

» Aussi ce fut avec un véritable enthousiasme que l'on accueillit l'idée de célébrer, en 1886, le centième anniversaire de Chevreul.

» Il n'est personne qui ne se rappelle la fête brillante donnée à cette occasion : presque tous les membres du gouvernement, les principaux représentants de la science et de l'industrie française, un grand nombre de députés et de journalistes avaient tenu à venir rendre un solennel hommage au centenaire, qui non seulement était une des gloires de son pays, mais dont les travaux avaient donné un nouvel essor à un grand nombre d'industries.

» Les découvertes de Chevreul n'ont pas été, en effet, purement théoriques, et quelque admirables qu'elles soient au point de vue scientifique, elles le sont peut-être plus encore à cause des applications pratiques qu'elles comportent.

» Ses recherches sur les corps gras et la saponification ont donné naissance à la fabrication des bougies stéariques, véritable révolution dans l'éclairage.

» L'art industriel doit beaucoup aussi à Chevreul qui établit et démontra la loi du contraste des couleurs et expliqua d'une façon magistrale les phénomènes dus à leur mélange et à leur juxtaposition. Il prouva d'une manière rigoureuse qu'on parvient à imiter un objet coloré en le peignant autrement qu'on ne le voit.

» Jusque dans ses dernières années, le savant qui vient de mourir a consacré presque tous ses instants au travail.

» Michel-Eugène Chevreul avait été décoré fort jeune ; il fut nommé commandeur de la Légion d'honneur en 1844, grand-officier en 1865 et grand-croix en 1875. Il faisait partie de presque toutes les sociétés savantes de l'Europe, et la plupart des académies d'Angleterre, d'Italie, d'Autriche, etc., avaient tenu à honneur de le comprendre parmi leurs membres. »

FIN

TABLE DES MATIÈRES

TABLE DES VIGNETTES

CONTENUES DANS CE VOLUME

— Lille. Typ. J. Lefort. 1889. —

9 782329 322469